마음에 길을 내는 하루

마음에 길을 내는 하루

삶의 진정한 관리자에게 보내는 사랑 연대기

© 장진희

초판 1쇄 발행 | 2022년 11월 15일
초판 3쇄 발행 | 2024년 03월 08일

지은이 | 장진희
발행인 | 강영란
편집 | 이승훈, 권지연
디자인 | 트리니티
마케팅 및 경영지원 | 이진호

펴낸곳 | 샘솟는기쁨
전화 | 대표 (02)517-2045
팩스 | (02)517-5125(주문)
이메일 | atfeel@hanmail.net
홈페이지 | https//blog.naver.com/feelwithcom
페이스북 | https//www.facebook.com/publisherjoy
출판등록 | 2006년 7월 8일

ISBN 979-11-89303-99-0(03230)

마음에 길을 내는 하루

삶의 진정한 관리자에게
보내는 사랑 연대기

장진희 지음

샘솟는
기쁨

삶의 관리자를 꿈꾸는
사람들에게

가난하지만 베품을 멈추지 않고, 눈물을 흘리면서도 감사하다고 말하고, 고난 속에서도 삶의 기쁨을 누리는 장진희 사모, 가까이에서 10여 년 보아 왔다. 고단하고 열악한 형편으로 따지자면 당연히 애처롭고 처량해 보여야 했다. 그러나 사랑으로 점철된 그녀 삶은 누구보다 건강하고, 행복하고, 당당하고, 아름답고, 숭고했다. 그녀를 보며, 누구나 자기 삶의 선한 관리자이고, 돈이나 명예, 환경과 상관없이 행복은 만들어 가는 것임을 확신하게 되었다. 그녀 사랑의 연대기가 글로 재현된 이 책이 참으로 반갑다. 삶의 진정한 관리자가 되기를 꿈꾸는 사람에게 조곤조곤 읽어주고 싶다.

김소래 | 치의학박사, 통합치의학전문의, 소설가

드넓은 바다에 자그마한 등대는 어둠 속에서 밝게 빛난다. 안전한 길잡이 역할을 한다. 그래서 종종 '등대 같은 사람'이 되게 해 달라고, 종종 '등대 같은 사람'을 만나게 해 달라고 기도한다. 그런 점에서 저자 장진희 사모님을 알게 된 것은 행복한 일이다. 등대 같은 사람을 만나서 행복하다. 모두가 당연히 그래야 한다는 사고방식과 편견에 끊임없이 도전한 저자. 하나님의 사랑이 모든 것을 이긴다고 굳게 믿으며, 그 사랑의 눈으로 세상을 향하고 세상을 품는다. 그냥 지나치는 평범함에도 하나님의 뜻이 있다고 믿으며 깊이 성찰한다. 그 사랑 덕분에 저자의 개척교회 '그이름교회'는 하나님이 쓰시는 등대가 되었다. 작은 빛으로 인해 어둠 속에서 헤매던 영혼들이 하나 둘 길을 찾는다. 간절한 바람이 있다면, 필자가 느꼈던 마음의 따뜻함을 정말로 많은 분이 함께 느꼈으면 좋겠다. 그 따뜻함을 가지고, 각자 등대 같은 삶을 살기를 기대해 본다. 변화의 마중물이 되는 이 책을 추천한다.

김학중 | 목사, 꿈의교회 담임, CBS 재단이사장

장진희 작가는 20년 전, 교회를 개척하고 지금도 씩씩하게 남편 목사와 동역하고 있다. 작은 교회 사모로 가난을 벗삼아 함께 울고 웃으며 '사랑의 전도사'로 살아간다. 이 책은 부부 사랑과 가족 사랑에 담긴 하나님 사랑을 일상의 구석구석에서 기독교 세계관이라는 렌즈를 통하여 샅샅이 찾아내고 있다. 교회를 개척하고 가족 성도만으로 예배당을 지켜 나가는 상황에서, 최초의 성도가 예배 자리를 찾아왔을 때의 기쁨을 술회하는 장면이 눈에 빨려 들어온다. 28년 전, 수요일 예배에서 교인 한 명을 놓고 "여러분!"이라고 외치며 설교를 해 보았던 추천자의 개척교회 시절이 오버랩 되었다. 특별한 생일 이벤트는 가족 사랑을 감동적으로 전달한다. 가족이기주의와 성공주의에 찌든 이들에게 따뜻한 경종의 메시지이기도 하다. 작은 교회 부부 세미나에 얽힌 에피소드에서, 선교비를 지원 받는 목회자로서 작고 낮아지기 쉬운 상황에서도 부부 사랑으로 극복해 나가는 모습에 도전을 받는다.

작은 교회를 섬기는 목회자의 부부 사랑과 가족 사랑 속에 녹아진 하나님의 사랑을 이토록 생동감 있고, 맛깔 나는 글 솜씨로 소개된 책을 본 적이 없다. 이 책은 삶에 지치거나 삶이 무료한 분들에게 소소한 일상에 숨어 있는 하나님 사랑의 감동을 선사할 것이다.

차준희 | 목사, 한세대학교 구약학 교수, 한국구약학회 회장 역임, 한국구약악연구소 소장

그이름교회는 작은 교회다. 늘 소명이라는 굴레 아래 어렵고 힘들게 마치 벧세메스로 향하는 법궤를 싣고 가는 소처럼 외로운 사역의 길을 걸어가리라 생각했다. 그런데 장진희 사모님의 저서 『마음에 길을 내는 하루』를 읽은 순간 기우였고 착각이었다는 걸 깨달았다. 주변에서 결코 찾기 쉽지 않을 소확행(小確幸)의 삶, 유레카! 하고 소리를 질렀다.

추천인도 상가 3층과 지하의 작은 개척교회부터 시작한 목회의 힘듦과 그

여정을 잘 알기에 사모로서 목사님의 내조와 두 딸을 키우는 삶이 어떨지는 충분히 알 수 있다. 그런데 온 가족이 하나님을 사랑하고 그 사랑을 통해 일상의 삶을 초월하여 작지만 확실한 행복한 삶과 사역을 보며 놀라움과 부끄러움, 존경의 마음이다. 기꺼이 본받고자 한다.

오늘 이 시대에 행복이 무엇인지 알기를 원하거나 행복하게 살기를 원한다면 꼭 읽어 보시기를 권한다. 개척교회, 작은 교회, 가정적인 어려움이 있는 사역자들은 더더욱 읽기를 강추한다. 책 제목처럼 『마음에 길을 내는 하루』에서 가정도 사역도 얼마든지 소확행의 비결을 배우게 될 것이다.

신상범 | 목사, 새빛교회 담임, 기독교대한성결교회 전 총회장

『마음에 길을 내는 하루』는 버지니아 울프처럼 여성의 시선으로 목회를 바라보는 따뜻함과 신선함이 독자적인 사유에 따라 글로 옮겨졌다. 자신의 삶을 재료 삼아 프란츠 카프카, 생텍쥐페리, 보후밀 흐라발 등 적절히 양념 삼아 끓여냈다. 쉽게 읽을 수 있으면서 응축된 짧은 언어에 큰 울림이 있다는 것을 느낄 수 있고, 사모의 삶으로 조망한 은혜와 진리가 충만하다. 그래서 이 책은 사모들이 공감하고, 목회자들이 이해할 수 있으며, 성도들이 삶과 사랑을 헤아릴 수 있을 것이다. 저자는 상처받은 남편, 위로가 필요한 성도들을 품어 안으면서 미처 자신의 상처를 돌보지 못한다. 그럼에도 불구하고 삶과 사역 이야기를 하나님의 더 큰 사랑으로 이겨내는 넉넉함이 아름답다. 가족과 지인, 하나님의 돕는 손이 되어준 사람들에게 사랑의 빚을 지고 살아가는 애잔함이 깊은 공명을 울린다. 사랑 덕분에 사모의 길을 가는 장진희 사모님, "가시는 걸음걸음 놓인 그 꽃을 사뿐히 즈려밟고 가시옵소서." 독자들도 즈려밟은 발끝에서 피어나는 향기에 취하기를 바란다.

정영아 | 사모, 엘림교회

새순이 싹을 틔우듯 혼탁한 세태 속에 심연을 울리는 감동의 글이 탄생하니 생기가 돋네요. 하나님의 은혜로 순적히 만나 행복한 가정을 이룬 이삭과 리브가, 예수 그리스도의 계보를 잇는 보아스와 룻, 사도바울과 함께 복음전파에 동역한 브리스가와 아굴라가 믿음으로 세운 금상첨화(錦上添花) 가정과 교회입니다. 이들은 우리가 바라고 소망하는 행복한 사랑의 가정입니다. 그러나 이 세상에는 설상가상(雪上加霜) 이라는 말도 있습니다. 초대교회인 예루살렘교회의 부요와 평안을 돈에 눈이 멀어서 신앙 인격을 단번에 내동댕이친 아나니아와 삽비라 부부의 불행한 가정과 교회가 설상가상입니다.

우리 모두가 바라는 미래는 절대 아니지만 작금의 세태는 은혜와 감동의 원천인 사랑이 거의 소멸되어 금상첨화 부부와 가정 그리고 교회보다 설상가상의 부부와 가정, 교회가 길에 널부러져 있습니다. 이 책『마음에 길을 내는 하루』가, 이 생명의 샘이 탁류에 흘러가는 설상가상은 말끔하게 씻어내고 금상첨화만 새봄의 연두색으로 피어나 온 세상을 새 희망으로 이끄는 이정표가 되기를 축복합니다.

한상균 | 목사 부평현대교회 담임, 경인신학교학장

이 책은 하나님이 한 여인을 성전 삼아 거하시며, 가족을 이루고 '그이름교회'를 이루기까지 행하신 일들을 생생하게 기록한 목회 보고서다. 기록하지 않았다면 하나님께서 안산에서도 마포에서도 인천 효성동에서도 일하고 계시는 신비가 밝혀지지 못할 뻔했다. 저자는 얼핏 평범해 보이는 일상에서 특별한 하나님의 섭리를 채굴하고 한 땀 한 땀 글자로 기워내어 신령한 조각보를 완성했다. 남도의 자연을 배경으로 종탑이 있는 시골교회에서 새벽종을 치는 어머니와 새벽기도 드리는 아버지 슬하에 태어나, 겨울이면 아궁이에 고구마와 까만 콩을 구워 먹으며 자랐다. 요즘에는 흔치 않다. 유아교육 전문가가 가난하고 순수한 전도사에게 마음이 끌려 결혼하면 어떤 가정을 이루고 어떤 은혜를 체험하는지 궁금한 이들에게도 이 책은 유익하다. 저자와 함께 생텍쥐페리, 커티스 히치콕, 카프카, 프리다 칼로, 스피노자, 오 헨리, 림태주, 보후밀 흐라빌 등의 이름을 되새겨 보는 일도 신선하다. 대롱대롱 매달린 벌레집 속의 생명체가 어떻게 변신하여 날아갔는지, 그 얼개를 관찰하는 재미도 솔솔하다. 무엇보다 이 책은 날마다 소복이 내려앉은 가난과 사투를 벌이면서도 풋풋한 신앙과 건강한 감수성을 지켜내는 비법을 계시한다.

문우일 | 박사, 정암학당 연구원

신학대학을 졸업 후 신학대학원을 진학하지 못하고, 새벽이면 진한 바다 냄새가 코끝을 파고드는 통영의 한 교회로 부교역자 사역을 위하여 길을 떠난 적이 있다. 감사하게 교회의 배려로 2년 만에 신학대학원에 진학하게 되었고, 거기에 작은 키에 웃는 모습이 멋진 형님 한 분을 만났다. 그 형님이 바로 저자 장진희 사모님의 남편 김영춘 목사님이다. 그 인연으로 누구보다 먼저 저자의 글을 만나는 행운을 얻었다. 한 남자의 아내로, 아이들의 어머니로, 그리고 하나님의 부르심을 받은 개척교회 사모로 겪어야 했던 일상을 깊은 신앙적 묵상과 세심한 감성으로 표현한 글이 한 자 한 자 눌러쓴 손글씨처럼 마음속 깊이 새겨진다. 저자가 겪어야 했던 상처와 아픔이 마치 '상처 입은 치유자'처럼 읽는 이의 마음의 상처와 아픔을 치유해 주는 신비함마저 느끼게 한다. 또 그렇게 살지 못했던 나의 삶을 돌아보게 만든다. 메마르고 척박해져 가는 우리 삶에 다시금 촉촉함과 부드러움을 선물해 주는 마중물 같다. 이 책을 통해 많은 이들이 하나님의 따뜻한 사랑을 경험하며 협력하여 선을 이루시는 하나님의 섭리하심을 맛보기를 소망한다.

채교진 | 목사, 경주 한마음교회 담임

추천사를 쓰기 전 가슴이 두근거렸습니다. 이 책을 읽고, 저자의 마음이 뜨겁게 느껴졌습니다. 저도 작은 교회 사모입니다. 이 책에 스며 있는 사모의 삶이 어떠한지 낯설지 않습니다. 때로는 변하지 않는 환경으로 인해 지치고, 앞이 보이지 않는 시간을 달려가야 하지만, 하나님의 또 다른 부르심으로 사용하시는 장진희 사모님의 글은 용기와 희망과 도전을 불러일으켜 줍니다. 그 사랑 덕분에!!! 우리의 작은 신음, 불평에도 일하시고 토닥거려 주시는 하나님의 사랑이 오늘도 살아가게 합니다. 서로 다른 환경에 있는 우리와 여전히 함께하시는 하나님을 느끼게 하는 이 책을 추천합니다.

한숙현 | 사모, 부평시민교회

내 안에 위대한 씨앗
하나 하나

누구나 위대한 씨앗 하나를 품고 있다고 합니다. 가슴 속 씨앗이 싹
트지 못하고 감추어져 있을 때 누군가가 알아보고 믿어주면서 비로소
움을 틔웁니다. 목회자 남편과 결혼하고 상상했던 나의 삶은 아내이고
엄마이고 사모였습니다. 자연스럽게 받아들인 하나님의 섭리와 자연
의 순리 안에서 사랑하며 살았습니다.

가족과 함께 교회를 사랑하며 세워 가는 꿈과 행복은 설렘이었기
에 감사하고 귀했습니다. 그래서였을까? 내 안에 씨앗을 생각지 못했
습니다. 가정과 교회가 먼저였기에 분명 나 자신과의 대화가 부족했을
겁니다.

"책을 쓸지도 몰라."

시시때때로 스치듯이 우리 가족에게 했던 말입니다. 하나님이 들으셨고, 밑그림을 알리셨습니다. 책을 읽고 글쓰는 내 모습을 바라보며, 남편도 사랑스런 두 딸도 한마디 한마디 던졌습니다.

"지금도 멋지지만, 더 특별한 장진희를 떠올려 봐!"

"엄마는 충분해. 준비 완료!"

그 말들이 내 안에 쌓이면서 생명의 물이 되고, 온기가 되고, 강력한 햇빛이 되었습니다. 싹이 나고 자라 꽃으로 피어났습니다. 두려움을 이기며 용기 내어 한 발 내디뎠을 때 비로소 새로운 인생 하나가 만들어졌습니다.

이 책은 부부 사랑, 가족 사랑에 담긴 하나님 사랑입니다. 더 세밀하게는 가난하고, 작고 소외된 자들의 삶에 꼭 필요한 것은 '부부 사랑이 먼저'라고 말하게 되었습니다. 또한 이웃에 전하고픈 사랑의 메시지입니다. 일상에 묻힌 하나님의 사랑, 샘물처럼 고였던 그 이야기들을 포개진 두 손안에 담아 전하면서, 간절한 기도와 사랑으로 이웃을 섬기는 사역의 길을 걷고자 합니다.

몇 년 전입니다. 삶이 무섭도록 힘들어서 죽음을 생각한 이가 있었습니다. 홀어머니를 모시고 사는 그분은 타의에 의해 직장을 잃고 세월의 무게에 짓눌렸습니다. 그가 더 이상 버틸 힘이 없다고 생각했던 날, 전화를 했습니다.

"사모님, 그동안 감사했습니다. 살고 싶지 않습니다. 죄송합니다."

전화가 끊겼고 더 이상 신호음이 반응하지 않았습니다. 다소 우울 증세를 보였던 그가 정말 한순간 잘못 생각해서 죽으면 어쩌나 싶었습니다. 불안한 마음이 주위만 맴돌 때, 할 일은 딱 하나였습니다. 글을 썼습니다. 그와 나눈 이야기를 기억하며 급히 써 내려갔습니다.

얼마간 시간이 흐른 뒤 다시 전화가 왔습니다. 그는 아무 말도 하지 못한 채 펑펑 울기만 했습니다. 내 글이 그의 마음을 바꾸었고, 눈물이 고통을 씻어 내리는 듯했습니다. 다행히 글의 힘이었습니다. 내 글이 몹쓸 생각을 멈추게 하고 격분한 마음을 차분하게 했나 봅니다. 그의 아픔에 공감하고 기도로 함께했던 시간을 떠올렸습니다.

작은 교회 사모로 가난과 함께 걸었습니다. 어제와 오늘의 가난이 다르지 않았습니다. 물질이 하루를 먼저 열었고, 내가 일어나면 먼저 인사했습니다. 어떻게든 물질의 힘을 이겨야 할 거라며 하루를 가두기도 했고, 그럼에도 뒤돌아보면서 웃을 수 있었습니다. 사랑은 가난 앞에 무릎 꿇지 않았으며 은혜로 가려졌습니다. 남편과 나의 두 손을 늘 따뜻하게 해 주었습니다.

이 책은 우리 가족의 기록입니다. 우리 교회 이야기입니다. 여러 색

깔의 사랑이 펼쳐진 한 권의 책을 쓸 수 있도록 교회를 섬겨 주신 모든 분과 그이름교회 성도들, 작은 교회 선교를 위해 후원한 분들께 감사드립니다. 당신들이 있었기에 나의 하루가, 우리 가족의 하루가 글이 될 수 있었습니다. 이 책을 통해 평강과 기쁨과 소망, 사랑의 열매가 다가가길 바라며 기도합니다.

누구보다 세심한 배려와 격려로 나를 더 빛나게 해 준 사랑하는 남편과 엄마의 책을 위해 바쁜 일과 중에도 열심히 피드백을 보낸 첫째 딸 예은, 학업 중에 잠을 줄여가며 예쁜 일러스트를 그린 둘째 딸 주은에게 사랑과 감사를 전하며 이 책을 바칩니다.

2022년 9월
장진희

CHAPTER 1

그이름교회를 아십니까?

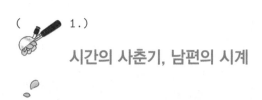

(1.)

시간의 사춘기, 남편의 시계

어둠컴컴한 지하 방의 희미한 불빛 사이에서 화장실 불을 켜는 순간, 눈앞에 사람의 형상을 한 검은 그림자가 보였다. 소스라치게 놀라 외마디 비명을 지르며 뒷걸음치다가 그대로 엉덩방아를 찧고 말았다.

나는 임신 3개월의 몸이었다. 손이 부들거리며 선반을 가리키고 있을 때 남편이 깜짝 놀라 다가왔다. 무심코 선반에 올려놓은 스타크래프트 게임팩인데, 하필 그 표지의 괴물 그림을 보았던 것이다.

남편은 부르심에 따라 가야 할 길을 잃어버린 채 한동안 게임에 빠진 적이 있었다. 주어진 시간에 충실하지 못했고, 목적지 없이 흘러가도 상관없는 사람처럼 시간을 낭비하고 있었다. 방과 후 공부방 아이들을 가르치느라 임신한 아내는 힘겨웠으나 그 마음을 헤아리기에 버거웠는지 작은 방에서 잠들어 있곤 했다.

때로는 게임을 하느라 밤을 지새웠고, 그렇지 않은 날이면 친구를 만난다고 나갔다가 새벽녘에 귀가해서 마음이 아팠다. 결혼 전, 같은 교회 전도사였던 남편의 그런 모습은 큰 충격이었고 상상조차 할 수 없었던 일이었다. 거룩함과는 너무나 멀리 있었던 남편, 분명 내가 그리던 목회자가 아니었다.

하루하루 흘러가면서 남편의 존재는 점차 두께가 얇아지고, 그가 품고 보듬어야 할 알이 미래를 잊은 채 세상의 요리감이 되어 가는 줄 몰랐다. 지난 날, 남편은 고교시절의 방황이라는 옷을 벗지 못한 채 청춘의 낭만으로 둔갑하여 하지 말아야 할 행동을 하기도 했다고 고백한 적이 있다.

한 가지 길밖에 없었다. 그를 믿음으로 바라보는 눈이었다. 하나님이 맺어준 사람인데 벗어나면 얼마나 벗어나겠는가. 인간의 고뇌가 끝없이 스며들고, 남편의 존재가 한없이 납작해질 때면 찬양과 기도와 말씀을 붙잡았다.

남편이 하나님께로 다시 향하려면 얼마나 지나야 할까. 그때만 해도 끝을 알 수 없었고, 그의 방황은 멈추지 않았다. 우리 부부가 가정이 무엇인지 배우고 책임지는 삶, 사역자로 거듭나는 과정이었을까? 성장통이었을까? 아무런 계획 없이 내키는 대로 살아온 지난날의 허물을 벗으려면 예비된 시간만큼 필요한 법이다.

다시 돌이켜 주실 거라고 믿어야 했다. 사랑하는 남편이었다. 오직 성실한 걸음으로 옮겨 가던 그를 알기에 하나님께서 잡으셨던 그의 손을 내가 놓치지 말아야 했다. 이 같은 고뇌의 시간은 연애 시절까지 합해 1년 3개월 남짓이었고, 결혼과 동시에 찾아온 임신 소식은 기쁨과 슬픔이 섞일 수밖에 없었다. 첫 임신은 막막한 현실을 어떻게 이겨 나가야 할지 알 수 없는 가운데 내게 주신 하나님의 선물이었다.

게임팩 사건이 있던 그날 밤이었다. 화장실 앞에서 엉덩방아를 찧고 난 뒤 아랫배가 당겨 왔다. 송곳으로 찌르는 듯한 간헐적 통증이 이어지다가 미세한 하혈이 시작되었다. 산부인과 의사는 유산기가 있어 2주 정도 안정을 취해야 한다며 입원을 권했다.

하지만 집으로 돌아와야 했다. 남편이 교육전도사로 사역이 시작되었지만, 새로 부임한 교회는 회기가 끝날 때까지 무보수 조건이 붙어 있었다. 입덧으로 잘 먹지도 못하다가 갑작스런 유산의 위기는 우리 가정의 위기이기도 했다.

사실 남편은 이전 교회를 사임하게 되면서 마음의 상처가 컸고, 그 상실감에서 벗어나려고 했으나 무기력한 상태였다. 주일과 교회에 있던 날을 제외한 나머지 시간을 게임에 소비하는 날이 많았다.

그러나 뜻밖에 벌어진 게임팩 사건은 남편의 시계를 되돌려 놓았다. 병원 진료를 마치고 집으로 돌아와 힘겨워하는 내게 너무 무서웠다고 고백했던 남편. 그때 자신이 누구인지 어떤 상태인지 정확히 보였다고 했다. 비로소 나의 간절함이 보였나 보다. 공부방 아이들을 가르치면서 기도로 가정을 지키려던 아내가 보였나 보다.

신혼의 우리 부부에게 가난은 일상이었으나, 그 일이 있은 후 공부방을 멈춘 채 담당 의사가 말한 것보다 훨씬 더 오래 누워 있어야 했다. 남편은 유산기로 인해 매사 조심해야 했던 나를 극진하게 보살폈다. 가난은 어쩔 수 없이 함께했지만 불행하지 않았다.

어느덧 유산기가 사라지고, 마침내 남편이 제자리로 돌아와 있었다. 또한 전임전도사로 임명되면서 사례비를 받는 은혜가 함께 찾아왔다. 긴 기다림 끝에 질곡의 사춘기가 끝나고 남편의 시간이 하나님 앞으로 되돌아온 것이다.

기도는 겉모습이 아닌 속사람을 알게 했고, 믿고 기다려야 하는 날들을 기꺼이 받아들이게 해 주었다. 그 세월을 무작정 견디려고 하지는 않았다. 순간순간 사랑하며 때때로 행복했고, 나를 향한 남편의 사랑을 충분히 느낄 수 있었다. 우리 가정은 고난을 이기는 힘을 함께 얻었다. 동행하신 하나님이 주신 열매였다.

하나님이 바꾸시면 한순간에 다른 사람이 되기도 한다. 사람은 누구나 천천히 변하기 마련이어서 변화된 모습이 보이지 않는다고 하지만, 예외가 있었다. 그 변화는 온전히 믿음을 품었을 때 가능하다.

방황의 시간마다 서툴게 포장하려던 남편이 다시 성실해지고, 도통 들여다볼 수 없던 남편의 아픔은 어쩌다 건드려지기라도 하면 방어 기제가 작동하곤 했는데 그런 모습도 보이지 않았다. 어느새 부르심의 삶, 그 상황을 수용하고 있었다.

이 시간은 분명 하나님의 시간표였다. 주변의 조언에 귀 기울이는 남편에게서 이따금 옛 습관이 튀어나와 당황스럽기도 했지만, 잠깐이었다. 무엇보다 왜 화가 났는지 되새겨 반복하지 않으려고 했던 사람.

가난이 사랑을 이길 수는 없었다. 그때마다 툴툴거리다가도 내 마음을 담아 사랑을 전했다. 한 사람을 믿고 기다리는 사람, 자신을 기다려 주는 사람을 위해 지나온 삶을 비우고 채워 가는 사람. 나는 그런 남편에게 감사했다. 남편은 변화된 사람이었고, 끊임없이 배움의 길로 나아가는 목사님이었다. 오늘도 두 딸에게 아빠는 늘 공부하는 목사님이다.

(2.)

촛불 없는 케이크

교회 출입문이 슬며시 열린다. 조심스러운 발자국 소리, 옷깃 여미는 소리, 그리고 예배실 의자에 앉는다. 숨을 고르더니 한 여인의 기도 소리가 조금씩 교회 안을 채워 가고 있다. 그녀의 하루가 저물어 가는 늦은 저녁, 오후 7시 40분.

석공인 남편이 사업에 실패하면서 자신을 망가뜨리며 산 지 오래다. 그는 세상에서 위로받는 유일한 것이 술이 돼 버렸다. 육십을 앞둔 나이에 직장을 다닌다고는 하지만 무기력해서 비틀거리고 있었다.

그 세월을 함께 겪고 있던 그녀의 삶을 보면서 내게 질문을 던지게 된다. 저 처절한 시간을 그녀처럼 이겨 나갈 수 있을까? 경험한 적 없는 인생을 알게 되었고, 이해하기엔 보잘 것 없이 작은 내 품을 알아차려야 했다.

그녀 하루는 힘들었을 것이다. 하지만 굴곡진 삶을 밖으로 드러내지 않았고, 그녀 안에 쌓아두지 않았으며 세상을 향해 분출하지도 않았다. 끊임없이 하나님 앞에 내려놓았다. 그래서 그런지 눈물의 기도는 강하고 담대했다.

"남편 인생이 불쌍해요. 얼마나 괴로울까요?"

홀로 기도하던 그녀의 대답은 한결같았고, 애틋한 사랑이 그대로 전해졌다. 오래 참음은 범접할 수 없는 사랑이었고, 이해하며 용납하는 헌신이었다. 묵직한 은혜가 날마다 비워지고 채워지는 그녀에게 흐르고 있었다.

2021년 3월, 토요일 아침이었다. 엄청난 이별이 찾아왔다. 그녀 남편, 한 사람의 삶이 사라지는 죽음이었다. 아주 쉽게 그녀 곁을 떠났고, 삶과 죽음이 어제와 오늘처럼 그렇게 가벼운 줄 몰랐다. 그는 마지막 한마디도 남기지도 못했다.

급히 하늘나라로 떠난 남편 앞에서 그녀는 울지도 못했다. 장례를 치르며 간신히 정신줄을 붙잡은 빈 눈망울은 그저 허공을 응시할 뿐이었다. 눈빛 속에 그녀 남편이 보였다.

한 번은 얼큰하게 취한 모습으로 교회에 온 적이 있었다. 금방 쓰러질 듯 메마른 몸에 불안정한 눈빛이었다. 술 취한 삶에서 벗어나고 싶은데 의지대로 안 된다며 슬프게 흐느꼈다. 회한 섞인 남자의 눈물이었다. 교회 휴게실은 술 냄새로 가득찼었다.

그런 그를 영정 사진 앞에서 마주 보려니 아주 까마득한 옛일처럼 느껴진다. 뒤늦은 후회가 밀려왔다. 그때 그 시간에 조금만 더 들어주고 조금만 더 위로해 줄 것을. 그녀를 살며시 안았다. 작고 왜소한 몸이 가슴으로 파고 들어올 때 깊은 애통이 전해졌다. "어떡해요, 어떡해요."라고 되풀이하면서 주먹으로 가슴을 치는 그녀였다.

실컷 울기를 바랐다. 눈물조차 말라버린 그녀가 소리 내어 울었으면 했다. 가슴속에만 맴돌던 말들을 마구 토해 내길 바랐다. 내 품에 안겨 신음 소리만 내던 그녀가 돌연 영정사진 앞으로 몸을 돌리더니 큰소리로 울부짖었다.

"여보, 미안해! 더 사랑해 주지 못해서, 이해하지 못해서 미안해!"

그러고는 친구였고, 남편이었던 그의 이름 석 자를 외치더니 기어코 고백했다.

"사랑한다, 정말 사랑했다!"

예순 살, 한 남자의 삶이 그녀의 울부짖음과 함께 세상을 떠나가고 있었다.

프란츠 카프카(Franz Kafka)의 『변신』. 아침에 일어나 보니 자신의 몸이 벌레로 변해 버린 그레고르 잠자 이야기이다. 외판원으로 일하며 가족의 낭비를 감당하며 돈을 벌어 부양했던 그가 벌레가 되자, 가족은 구성원에서 제외해 버렸고, 급기야 아버지가 던진 사과가 등에 박혀 썩은 사과와 함께 서서히 죽어 갔다. 그레고르 잠자가 죽자, 홀가분해진 가족은 신에게 감사하며, 교외로 산책을 나간다. 소통과 이해가 단절됨을 보여주는 인간의 이기적인 실존을 보는 것 같아 섬뜩했다.

왜 그레고르가 생각난 걸까? 그녀 가족을 처음 만난 건 식사 자리였다. 작은 체구의 그녀와는 달리 남편은 180센티 키의 건장한 체구였는데, 우리 부부는 정중한 인사를 받았다. 큰 키를 90도 각도로 숙이며 "목사님, 안녕하십니까?"라고 했던 성도였다. 식사 중에도 그의 손길은 우리를 향해, 가족을 향해 배려하느라 분주했고, 가족이 전부처럼 보였다.

그런데 어떤 세월이 그를 그렇게 흐르게 했는지. 석공 일을 하며 사람에게 배신당한 상처가 응어리가 되어 그 마음이 점점 더 단단하게 굳어져 갔다. 자신을 괴롭히며 움츠려들었고 과격한 행동을 하며 가족을 괴롭혔다. 내면의 상처는 술로써 그 존재감을 강하게 드러냈고, 결코 녹록치 않았던 지난 삶에 힘겨움을 더해 갔다.

그럼에도 그들 가족의 마음은 쉽게 부서지지 않았다. 돌이키고 화해하며 다시 보듬는 과정을 끊임없이 반복했다. 가족의 힘과 신앙과 믿음이 서로 책임지며 기다려주는 사랑으로 보였다.

장례식장에서 울부짖는 그녀의 세월에는 곪아 터지고 썩어 가는 사랑은 없었다. 매일매일 새 삶만 있을 뿐이었다. 아무 말도 하지 못하고 세상을 떠났지만 그녀 남편은 행복했을 것이다. 그레고르 잠자의 서글픈 고독과 서러움은 없었을 테니까!

그녀 남편이 떠나고 나서 첫 번째 맞는 결혼기념일이었다. 케이크에 글씨가 새겨졌다. '결혼기념일, 축하해. 고마웠어.'라고. 남편 생일엔 촛불 없는 케이크를 자녀들과 함께 준비했다. 남편의 삶과 죽음을 자녀들과 함께 나누던 그녀였다.

인생은 강물처럼 흘러간다. 문득 뒤돌아보면 참 멀리 걸어온 자신의 인생을 만나게 될 것이다. 그때 그 자리에 서 있을 때, 그녀에게 행복이 깃든 자리였으면 한다. 그리움과 사랑이 충만한 삶을 살았기에 서글픔이 고개조차 들지 못하는 아름다운 인생. 힘든 일을 겪었음에도 조용하게 웃고 있는 그녀. 오늘도 신앙 아래 당당하게 홀로서기를 하고 있다.

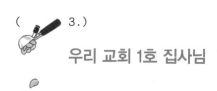

(3.)

우리 교회 1호 집사님

신성(新星), 맨눈으로 하늘을 관찰하던 천문학자 튀코 브라헤(Tycho Brahe)가 1572년에 발견한 별의 이름이었다. 그는 밤하늘에서 쏟아질 듯한 별빛 사이로 수명이 다해 일시적으로 밝아진 별을 보게 되었다. 빛나지 않아 보이지 않았던 별, 분명 존재하나 자신을 알리지 못했던 별이었다.

밤하늘을 보던 한 사람의 시간과 몸짓이 한 폭의 정형화된 그림이 되는 순간, 신성은 세상에 이름을 남긴다. 그는 튀코 브라헤, 덩그러니 낡은 의자에 앉아 정해진 시간에 하늘을 보았던 사람, 무수한 생명 속에서 유독 별을 향해 시선을 둔 사람이었다.

하늘엔 별이 참 많았지만 오랫동안 지켜본 그와의 만남이 좋았던지 그곳에, 그 자리에, 그 빛으로 빛나며 수고로움을 도왔다. 어쩌다 우연히 발견한 별은 하나도 없다. 무수한 반복과 반복 속에서 아주 세밀하게, 너무나 성실하게 지켜보았기에 짧은 순간이라도 알아차릴 수 있었다. 그가, 그 자리에, 그렇게 오래 머물지 않았다면, 신성은 아무도 기억하지 않는 별이 되어 사라졌을 것이다.

교회를 개척한 지 올해 20년이 되었다. 그 길에서 사역하는 동안, 지나간 성도들이 있었다. 여전히 가슴 아프게 하는 성도가 있는가 하면 이름조차 가물가물한 성도도 있다. 기쁨이든 슬픔이든 세월의 흐름 앞에 희석되기 마련이어서 이해 못할 것도 없다.

기도하다 보면 가끔 교회를 떠난 성도의 자리가 보였다. 우리 신앙 공동체 안에서 함께한 세월이 많을수록 오래 기억에 남았다. 그러면 그의 이름을 부르며 기도하게 된다. 하나님 안에서 내가 할 수 있는 최선은 언제나 기도였다.

개척 초기, 텅 빈 교회 안에서 느껴지는 쓸쓸함과 공허함이 마음을 잠식해 갈 즈음이었다. 예배 시간보다 조금 늦게 문을 열고 조심스럽게 들어서는 한 여자가 있었다. 금요일 저녁예배 시간이었다. 에어컨이 없던 8월의 교회는 무더웠다. 슬며시 기도하는 그분 가까이에 있는 선풍기를 켜주었다.

그동안 성도 한 사람 없던 예배였다. 개척 초년생인 전도사 남편은 눈에 보이게 당황스러워하고 있었다. 자신의 설교를 듣고 있는 단 한 사람의 눈빛이 설렘으로 다가왔고, 심장소리가 쿵쾅거렸다고 한다. 오 죽하면 그분이 '하나님, 설교자의 마음을 진정시켜 주세요'라고 기도해 야 했을까.

나는 남편의 설교를 듣던 그때 그 순간의 기쁨을 지금도 잊을 수 없 다. 단 한 사람의 성도가 있어서 우리는 설교자가 되고 사모가 된 것 같았다. 비로소 우리의 정체성이 옷을 입은 듯 벌렁벌렁한 가슴이 춤 을 추었다. 바로 그분이 우리 교회 1호 집사님이다.

한 남자와 결혼했더니 사모가 되었고, 몇 년이 지나자 개척교회 사 모가 되어 있었을 때, 교인도 없이 우리 네 식구만 덩그러니 놓인 교회 는 모든 것이 낯설고, 힘에 부쳤으며, 외로웠다. 개척한 지 6개월이 지 나고 어린 딸아이들의 웃음소리와 우리 부부의 기도소리가 교회를 채 울 무렵이었다.

첫 성도와의 만남은 목회의 길에 큰 소망이 되었다. 빈자리에 대한 그리움이 한 사람의 성도로 채워지면서 사역의 기쁨을 맛본 순간이었 다. 튀코 브라헤의 세밀하고 성실한 눈이 필요할 때가 온 것이다. 빛을 잃으며 죽어 가던 별을 발견하여 위로와 격려로 함께 걸어갈 수 있는 사역의 길이 열렸다.

아홉 길의 산을 쌓는데 마지막 한 삼태기의 흙에서 공이 무너지고 만다는 말이 있다. 삶의 고난 앞에, 믿음의 순종 앞에, 마지막 한 삼태기를 부어야 할 시기가 온다면, 우리의 손이 함께 얹어지길 바란다. 마지막 한 번을 못 견뎌서 그만두는 일이 없어야 하니까.

우리 교회 1호 집사님은 지금 교회에 없다. 멀리 이사를 가게 되면서 떠났다. 오래전 방영된 TV 드라마 〈응답하라 1988〉 장면이 생각난다. 쌍문동이 개발되면서 각자 삶의 지역으로 뿔뿔이 흩어지던 이웃들. 새로운 터전으로 향하는 이웃을 향해 지나온 희노애락이 배웅해야 했다. 골목길을 사이에 두고 일상을 마음으로 함께한 이들과의 이별은 슬프고도 아름다웠다.

돌이켜보면 교회는 만나고 헤어짐이 잦은 곳이다. 신앙 공동체로서 평생 함께하고픈 마음은 모든 목회자의 마음이겠지만, 우리 삶에는 변수가 많아서 느닷없는 헤어짐이 찾아오곤 했다. 평생 믿음의 길 위 함께하고 싶었던 1호 집사님도 우리 곁에서 떠나보내야 했다. 10년이 넘은 세월을 함께한 믿음의 기억을 우리에게 고스란히 남겨두고 집사님은 떠났다.

아무것도 예견할 수 없는 우리 삶 속에서 이별은 어떤 모습으로 다가올지 모른다. 그래서 더욱 기도하고 더 많이 사랑하려고 한다. 서로 헤어짐의 자리에 설 때 하나님의 사랑과 지혜가 힘이 되어 이별이 그리움이 되기를 소망한다. 신성을 우리에게 전해 준 천문학자 튀코 브라헤처럼 묵묵히 성실한 사역을 하고 싶다.

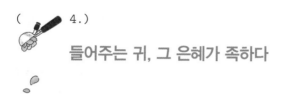

(4.)

들어주는 귀, 그 은혜가 족하다

교회 문을 열고 들어 온 남자가 배고프다고 하면서 무작정 만 원만 달라고 한다. 새시 문 소리를 듣지 못한 남편은 깜짝 놀란 표정으로 한 동안 그 남자를 바라봤다. 허름한 옷을 겹겹이 껴입지도 않았고, 그다지 남루하지도 않았으며, 그의 백팩은 깔끔했다. 잘 씻지 못한 노숙인 특유의 냄새도 나지 않았다.

그럼에도 자꾸 만 원만 달라며 문 앞에 우두커니 서 있었다. 그의 행색을 보던 남편은 아무래도 자신을 속이는 사람이라고 생각했는지 아무런 말도 하지 않았다. 교회 중문이 생기기 전에는 하루에 두세 사람이 거의 매일 찾아와 오백 원만 달라고 했었다.

그들을 꾸준히 만나다 보면 월요일에 오는 사람은 월요일에만 온다는 사실을 알 수 있었다. 그들 나름대로 방문 요일과 교회를 정한 것 같았다. 구걸하는 사람들은 큰 교회일수록 박대가 심하다고 했고, 작은 교회가 더 잘 대해 준다며 무언의 친절과 베풂을 바랐다.

우리 교회는 교인들과 의논하여 육개장 컵라면을 준비하기로 했다. 배고픈 이들이 따뜻한 컵라면과 커피를 마시며 잠시나마 편안하게 쉬면 좋겠다고 생각했다. 그런데 그들의 생각은 달랐다.

따뜻한 컵라면을 맛있게 먹고 가는 이도 있었지만, 오백 원을 주지 않으면 컵라면도 먹지 않겠다며 화를 내며 돌아 나가는 이도 있었다. 대부분 술을 좋아해서 그런 거라고 다른 구걸하는 이가 귀띔을 한다. 따뜻한 밥 한 끼보다 술이 더 고픈 사람은 오백 원이 필요했고, 구걸하는 사람 중에는 그런 사람이 더 많았다.

그런데 이 남자는 오백 원도 아니었고 만 원을 달라고 했다. 돈이 없다는 남편을 유심히 살펴보던 그가 슬쩍 한마디를 던졌다.

"목사님, 제 이야기를 들어줄 수 있으세요. 사실 이야기를 하고 싶습니다."

남편은 컵라면 두 개를 끓여 함께 먹으면서 남자가 이야기하기를 기다렸다. 처음에 어디서부터 이야기해야 할지 모르는 사람처럼 두서 없이 말하던 그가 점점 더 목소리 톤을 높이더니 끝없이 많은 말들이 터져 나왔다. 그에게는 이미 이성은 사라지고, 언어폭력이 난무한 말들을 내뱉기 시작했다. 남자에게 극에 달한 분노가 모두 표출될 때까지 남편은 그냥 병풍처럼 가만히 있었다.

"원양어선을 타다가 집에 돌아와 보니 마누라가 바람을 피워서 자식도 버리고 도망갔습니다. 이 연놈들을 찾아서 죽이고, 저도 죽을 겁니다."

남자의 절망과 회한이 서글픈 인생이 되어 쏟아져 내렸다. 벌써 수년째 전국을 떠돌면서 그들을 찾고 있다고 한다. 그는 지쳐 있었다. 분노와 절망마저 힘을 잃고 삶을 포기하겠다는 표정이었다.

그의 목소리가 떨리기 시작했고, 급기야 눈물이 흘러내렸다. 남편도 울었다. 원양어선에서 거친 인생과 싸우며 가족에게 안락함을 주고 싶었던 남자의 손엔 방황하는 자식과 빈손뿐이었고, 상실감과 허무함 속에서 간신히 숨 쉬고 있었다.

한동안 목에 핏대를 세우며 폭발하듯 말했던 남자가 깊이 한숨을 내쉬었다. 겨우 안정감이 찾아왔다. 남자 이야기를 들으면서 남편은 자신에게 계속해서 질문을 할 수밖에 없었다. 인간의 힘으로 치유할 수 있을까? 용서와 회복이 가능할까?

그때 남편은 슬그머니 복음을 전했다. 전도폭발 10분 메시지였다. 남자가 들을 거라는 기대없이 그저 지나가는 말처럼 조용히 가볍게 전하고 있었다.

"천국은 값없이 주시는 하나님의 선물입니다."

갑자기 남자가 남편을 쳐다보더니 조심스럽게 물었다.

"어떻게 하면 천국을 갈 수 있습니까? 나 같은 사람도 그 천국에 갈 수 있습니까?"

돌발적인 남자의 질문에 우리는 놀라고 말았다. 복음이 그의 귀에 들린 것이다.

"네, 선생님. 나의 죄를 용서해 주시기 위해 십자가에서 죽으시고 나를 위해 다시 사신 예수 그리스도를 믿으시면 됩니다."

남자에게 함께하시는 하나님이 전해졌을까? 남편의 입을 통해 전해진 말씀에 귀 기울이던 남자는 예수님을 믿고 싶다고 했다. 곧바로 목양실에서 나온 남편은 강대상 앞으로 남자를 안내했다. 한 번도 강대상 앞에 서 보지 않았던 남자는 낯선 그곳에서 무릎을 꿇었고, 남편의 영접기도를 따라했다. 하나님의 사랑과 은혜가 한 불쌍한 영혼의 마음에 가만히 내려앉고 있었다.

잠시 후 수요예배를 앞두고 있었는데, 남자가 자리에서 훌훌 털고 일어났고, 남편은 지갑에 있던 모두를 손안에 쥐어 주었는데, 그 돈을 슬그머니 휴게실 탁자 위에 내려놓았다. 남자는 처음 교회를 찾아올 때와 사뭇 달랐다. 조금 편해 보이는 얼굴이었다.

"목사님, 이 돈은 받지 않겠습니다. 제가 잘 된 후에 반드시 다시 찾아뵙겠습니다. 오늘 너무 감사하고 고맙습니다. 덕분에 분노가 사그라져 다시 시작하겠다는 마음이 생겼습니다. 저를 살리셨습니다."

남자는 교회 문을 나섰다. 그가 서서히 사라질 때까지 배웅하던 남편의 눈엔 한 영혼을 사랑하는 하나님의 크신 은혜가 해질녘 풍경 속에서 빛나고 있었다.

남편은 가끔 그 남자 생각을 한다. 그가 교회 문을 열고 불쑥 들어오면 마음이 어떨까? 이미 세월이 많이 흘렀기에 서로 알아볼 수 있을지 궁금하기도 하단다. 자신의 이름을 말하지 않았던 그분, 다음에 올 때 이름을 가르쳐 주겠다던 그분을 지금도 기다린다.

우리에겐 그의 이름은 '선생님'이다. 그날 가슴 뜨거웠던 은혜를 기억하며 하나님을 믿는 사람으로 살아가기를 바란다. 한 사람의 영혼에 다시 시작하는 삶이 찾아왔다면 이 지하에 작은 교회를 세운 하나님의 뜻을 이룬 것일 테니까.

마음을 다해 들어주는 귀는 사람을 살리는 힘이다. 그래서 하나님은 날마다 기도를 들으시나 보다. 우리가 살아갈 수 있는 이유일 것이다. 하나님의 사랑이 고마운 하루, 모든 것이 은혜이고 은혜 아니면 살아갈 수 없다. 그 은혜가 매일의 삶에 늘 족하다. 지금은 수요예배를 기다리는 시간이다.

(5.)
주기도문 송

포켓몬 빵이 재출시 되어 한동안 두 딸이 흥분했다. 어린 시절 즐겨 먹던 빵의 스티커들을 떠올리며 추억을 먹고 싶어 했다. 큰딸은 유독 '포켓몬 초코롤 빵'을 좋아했다. 아토피가 있어서 가려 먹어야 했던 딸이 엄마 몰래 사 먹을 만큼 좋아한 빵이었다.

수요예배를 마친 두 딸이 슈퍼에서 포켓몬 빵을 사려 했지만 구입할 수 없었다. 동이 난 모양이었다. 누군가에게도 그리움을 떠올리게 하는 빵의 인기가 대단하다는 소문이 돌았다. 다시 사려면 한참 더 기다려야 한다며 아쉬워했다.

며칠 후, 어쩐 일인지 이른 시간에 퇴근한 남편이 현관문을 들어서자마자 딸들 방을 노크했다. 무슨 일이지? 흡사 깜짝 이벤트 할 때를 연상하게 하는 몸짓이었다. 슬그머니 남편이 들고 온 검은 비닐봉지를 살펴보자, 아니나 다를까 포켓몬 빵이 있었다. 딸들에게 들었던 이야기를 마음에 담고, 종종 편의점에 들리다가 마침내 딱 두 개 남은 빵을 사 왔다고 한다.

어떤 표정으로 빵을 샀을지 눈에 선하다. 눈매가 먼저 웃고 입꼬리가 귀에 걸렸을 것이다. 순진무구한 남편이었다. 포켓몬 빵을 받은 딸들은 멋진 아빠라며 연신 하트를 날리고, 한 입 베어 문 입가엔 미소가 번지고 행복이 가득하다. 고개를 살살 흔들며 탄성을 질렀다. 맛있게 추억을 먹는 딸들을 흐뭇하게 지켜보던 남편의 눈빛도 꿀떡꿀떡 사랑을 먹고 있었다.

추억이 추억을 불러들인 걸까? 딸들의 포켓몬 빵 추억이 우리를 청년 시절로 시간여행을 하게 만들었다. 기도하러 온 교회에서 커피 마시는 시간이 길어져 버렸다. 돌연 남편이 질문을 한다.

"당신, 추억의 장소는 어디야?"

"청년시절에 당신과 함께했던 새안산교회(현재 꿈의교회). 참 즐겁게 일했거든."

"아! 그 교회 사역할 때 즐거웠어."

"여보, 예배시간에 목사님이 불렀던 주기도문 송, 생각나?"

"주기도문 송 생각이 안 나면 그 교회에서 사역을 안 한 거지."

"갑자기 듣고 싶다. 지금도 목사님이 부르실까?"

강원도 양구의 한 초등학교에서 전교인 수련회가 있었다. 학교 운동장에 텐트를 치고 교실 두 개를 빌려 남녀 구별하여 숙박을 하게 되었는데, 수련회 일정 동안 청년들은 삼삼오오 모여서 밤새워 이야기했다. 양구의 모기들은 우리가 왔다는 소식을 들었는지 참 무섭게 달려들었다. 시골에서 살았던 내게도 처음 본 광경이었다.

칠흑 같은 어둠이 주위에 깔려 있고, 청년들이 머물던 곳은 환한 탓인지 엄청나게 날개짓 하는 나방들이 불빛을 향해 마구 돌진했다. 프레임을 잡아 가로등만 보면 공포 영화에 나올 법한 장면이었다. 수없이 달려드는 크고 작은 나방들은 전구에 닿아 떨어져 죽기도 했고, 불빛 속으로 바삐 오가는 날갯짓을 하며 한밤을 보냈다.

스치는 바람소리마저 크게 들릴 만큼 적막한 시골 마을에서 불안한 미래를 걱정하는 청년들은 저마다 근심을 내려놓고 위로하고 위로받고 있었다. 인적마저 드물어 공포 영화의 한 장면 같았지만, 극성스런 모기에 물리면서도 마냥 활기찼던 청년의 한때였다.

양구의 무더운 여름 밤은 청춘의 빛으로 물들어 갔다. 그날 우리 청년들과는 다른 한 청년이 있었다. 수련회 행사를 진행하느라 바쁘게 움직였던 사람이었다. 마지막 날, 교회 집사님 권사님들의 역적(?)이 된 사람, 지금의 남편이었다.

저녁 일정이 마무리되고 자유 시간이었다. 누가 시작했는지 알 수 없지만 남자들끼리 씨름을 하고 있었다. 여기저기 환호성이 터지고 씨름의 열기는 무더운 밤을 시원하게 해주었다. 담임 목사님도, 남편도 함께 구경하고 있었다.

"김 전도사, 나랑 한 판 붙어 볼까?"

양구의 초등학교 교실이 경기장이 되는 순간이었다. 목사님과 전도사님이 씨름을 한다는 소리에 전 교인이 빙 둘러앉았다. 체구 차이가 커서 누가 봐도 남편이 불리했다. 그런데… 씨름은 쉽게 끝나 버렸다. 결과는 처참했다.

남편의 왜소한 체구에 방심한 목사님은, 자존심을 걸고 덤비는 남편에게 한판승을 당하면서 발목을 삐끗해 버렸다. 일순간에 환호성이 터지고 일순간에 환호성이 사라져버린 사건이었다.

병원에 다녀온 목사님은 깁스를 하고 목발을 짚고 나타났고, 수련회 마지막 폐회 예배를 드려야 했다. 목사님이 다쳐서 속상한 성도들속에서 몹시 마음이 불편했던 남편.

"키 작은 삭개오 전도사인 줄 알았는데 삼손의 힘을 가졌어!"

수련회 폐회예배 시간에 목사님의 한마디가 교인들을 웃게 했고, 뜨거운 양구의 여름 밤은 잊지 못할 추억이 되었다. 청춘을 달리던 남편, 마음의 풍요로 청춘의 끝자락에 있던 목사님, 함께 더불어 사역의 열정으로 빛나던 시간이었다.

가장 찬란하고 아름다웠던 때, 우리 부부가 머물렀던 그 교회는 예전 모습 그대로 기억에 남아 있다. 문득 인생의 권태로움이 찾아올 때 남편과 함께한 젊은 날의 추억이 청춘의 옷을 입고 행복하게 자극할지도 모르겠다. 그 시절, 그 교회, 그 성도들, 그리고 뜨겁게 찬양하고 기도했던 그 예배가 무척 그리운 날이다. 우리 귓가에 그때 그 담임 목사님의 주기도문 송이 들리는 듯하다.

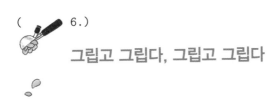

(6.)
그립고 그립다, 그립고 그립다

형부는 아버지 같은 존재였다. 큰 키에 잘 생긴 얼굴, 말수가 적은 과묵함, 그런 형부가 한 번씩 웃을 때면 붉은 땅의 기운을 받은 농부의 세상이 함께 왔다. 작은 교회 사역으로 궁핍했던 삶마다 묵직하게 다가와 일으켜 세워주곤 했다.

다 쓰러져 가는 초가지붕 시골집에서 신혼살림을 차린 언니는 가난한 살림을 일궈 내기 위해 저수지에 들어가서 우렁을 잡았다. 수없이 사계절이 지나갔다. 형부의 청춘이 논두렁 사이로 녹아드는 동안, 저수지의 거친 흙탕물이 온몸을 감쌌던 앳된 언니도 사라지고 있었다. 붉게 물든 고추밭에는 어느덧 두 아이 엄마가 된 언니가 강인하게 서 있었고, 논두렁을 밟고 들판을 바라보는 형부는 일년 내내 진짜 농부가 되어 있었다.

청춘은 형부와 언니에게 넓은 땅을 선물하고 유유히 사라졌다. 허

름한 시골집이 편백나무집이 되면서 가난이 물러갔고, 차곡차곡 풍요
와 축복이 삶을 채워 나갔다. 어느 날부턴가 형부의 커다란 손에 두툼
한 봉투가 쥐어졌고 그 봉투는 나에게로 왔다.

"처제, 힘들지. 다 지나갈 거야. 하나님이 하실 테니까!"

들릴 듯 말 듯한 한마디를 툭 던지며 형부는 겸연쩍게 웃었다. 그런
날이면 감사하다는 말도 제대로 못하고 집으로 돌아와야 했다. 눈이
울었다.

교회 개척을 위해 상가를 계약하고 내부 인테리어를 해야 할 때, 형
부는 선산의 나무를 베고 각목을 만들어 해남에서 인천까지 한가득 싣
고 왔다. 언니는 12월의 추운 겨울날인데도 인부들에게 갓 지은 따뜻
한 밥을 해 먹였고, 형부는 목수들과 함께 교회 내부의 궂은일을 마다
하지 않았다.

큼직한 형부의 손이 교회 구석구석을 꼼꼼하게 꾸며 나갔다. 그뿐
인가. 농사지은 곡물로 우리를 먹이고 물질로 손을 잡아 줬던 형부. 믿
음의 길을 가는 동안 나눔과 섬김으로 늘 동행해 주었기에 아무리 힘
들어도 잠시 쉬었다가 다시 걸을 수 있었다.

'형부, 삶이 고단해서 쉬고 싶었던 거예요?'

7월의 능소화가 곳곳마다 활짝 피어 있던 어느 날, 형부의 영혼이
들판에서 바람과 함께 떠나 버렸다. 다시 피어날 수도 없는데, 가족의

마음에 크게 공백을 남기고 육신의 연약함을 훌훌 벗어 버렸다.

발끝에 떨어진 능소화를 본다. 늘어진 나뭇가지에서 시간을 벗삼아 꽃봉오리를 터트렸을 텐데, 담장 밑에서 생기를 잃어 가는 능소화는 주홍빛 옷이 되어 덮인다. 메마른 나뭇가지에서 후두둑 떨어져 내 슬픔을 전하고 있었다.

능소화는 알았을까? 새로운 시간이 다가오고, 기다림이 지나면 또다시 피어난다는 것을. 은은하고 곱게 피어나 자신의 시선대로 담벼락을 향하여, 드넓은 창공을 향하여, 거친 땅을 향하여 피고지고 또 피고지면서 감사한 나날을 뿜어 낼 수 있음을. 그렇기에 바람의 조용한 흔들림에도 스스럼없이 낙화하여 그 순간마저 행복해 했던 걸까?

형부가 떠난 자리엔 한 세상의 인생이 그대로 남겨졌다. 장로 직분으로 주님과 동행하며 시골 교회를 섬긴 형부, 목공의 재능이 있었기에 낡고 헐은 교회 곳곳을 보수했었다. 구석진 곳, 유심히 보지 않으면 알 수 없었던 곳은 형부의 눈과 손에서 치워지고 다시 세워졌다.

그랬던 것들이 그대로 멈춰 버렸다. 형부의 흔적 위에 쌓인 먼지는 죽음을 말하며 두껍게 덧입혀 갔다. 소소한 움직임에도 흩날리려 하지 않았다. 슬픔을 끌어안은 가족은 흘러가는 세월을 따라 삶의 조각들을 맡겨야 했다.

언니는 사진을 보며 말없이 떠난 형부와의 마지막 이야기를 나누고 나누었다. 그리고 울었다. 조카들은 아빠가 만든 가구들을 매만지다가 그리운 손길을 떠올리며 또 울었다. 그러는 사이 애통이 하나님의 시간에 따라 조금씩 치유되었다.

형부가 우리 곁을 떠난 지 4년이 되어 간다. 쌍꺼풀이 진한 큰 눈의 형부, 마음속에 간직했던 형부가 오늘 같은 날이면 삶 밖으로 불쑥 튀어나와 슬픔이 되어 울린다. 이제 행복했던 추억의 꽃잎으로 조금 더 덮으려 한다.

어쩌면 눈물은 가장 큰 위로인지도 모르겠다. 오늘도 내 등에 햇살을 얹고 바람 속에 섞여 있는 흙냄새를 맡으며 터벅터벅 걷는다. 내가 걸어가야 할 곳을 향해 나의 삶도 묵묵히 따라오면서 들판에 서 있던 예순 살 형부를 기억하게 한다. 너무도 그립고 그립다.

(7.)

한밤중에 소소클럽

눈치 게임은 밤 11시 55분부터 시작된다. 비밀의 밀도를 높인다면서 주인공을 따돌리며 앙상블끼리 눈으로 말한다. 주인공은 설레는 마음을 감추며 눈치껏 자신의 일에 몰두한다. 속닥속닥 귓속말이 들리고 바스락거리는 소리가 나더라도 못 들은 척, 주인공도 앙상블도 최고의 연기를 펼치는 날이다.

네온사인 안경, 네온사인 반지, 핸드폰 플래시, 카카오프렌즈 유튜브 세팅 완료. 밤 12시를 향하여 소리 없는 카운트가 시작된다. 10. 9. 8. 7. 6. 5. 4. 3. 2. 1.

"축하합니다. 축하합니다. 당신의 생일을 축하합니다."

어젯밤 12시에 남편이 선물을 받았다. 우리는 환한 미소를 지으며, 조용하지만 신나게 춤추며 55번째 생일을 축하했다. 발은 살살, 손과 머리는 박력 있게! 모두들 잠들기 시작하는 야밤에 번개처럼 개장하는 소소클럽이다. 연주에 맞춰 앙상블은 노래와 춤을 추며 주인공의 생일을 축하한다.

일 년에 네 번. 부모는 두 딸의 춤과 노래를, 딸들은 부모의 춤과 노래를 선물 받는 날이다. 소소클럽에 입장한 딸들의 엉성했던 춤의 리듬이 나이 들수록 흥거워졌다. 춤추는 몸짓 속에 노래도, 기쁨도, 행복한 웃음이 가득이다. 스무 살이 훌쩍 넘은 두 딸의 따사로운 생일 선물, 아침을 쭉 끌어당기는 우리 가족만의 특별한 생일 이벤트이다.

1942년 초, 뉴욕 한 식당에서 출판인과 점심을 먹던 생텍쥐페리(Saint Exupery)는 장난삼아 흰 냅킨에 그림을 그렸다. 보고 있던 커티스 히치콕이 뭘 그렸냐고 물었고, 그는 마음에 담아 다니는 한 녀석이라고 했다. "이 어린 녀석, 이 아이에 대해 써 보시지요."라고 히치콕이 권유했다.

그렇게 해서 생텍쥐페리의 『어린 왕자』가 탄생한다. 두 딸에게 커티스 히치콕 같은 부모가 되길 원했다. 완성된 전체의 모습을 감탄하기보다 해내려는 과정의 즐거움을 아는 자녀로 양육하길 바랐고, 배움의 과정에서 아이의 기쁨을 끄집어내어 꿈꾸게 하고 싶었다.

하지만 현실은 눈감게 했고 그렇게 하지 못했다. 방과 후 수업조차 허락하지 못했고, 공부하기 좋은 환경도 제공하지 못했다. 새로운 것

을 배우고 세상을 탐색하며 변화와 다양성을 희구하는 것이 인간의 기본 욕구인데, 부모와 함께 가난을 부딪치며 성장한 딸들은 많은 것을 포기할 수밖에 없었다.

그럼에도 특별히 방황하거나 불평하지 않았다. 두 딸은 밝고 명랑했다. 학원을 다니지 않았어도 최상위권 성적을 보여주었고, 부모의 사랑에 공감했다. 자신을 사랑하는 법을 스스로 일깨워 갔다. 요즘 들어 대학생이 되고 대학원생이 되어 가는 딸들을 보면서 아쉬움이 가슴 속을 파고든다.

디자인 전공인 둘째에겐 더 그러하다. 많이 보여주고 많이 느끼게 하지 못했는데도 제 길을 찾아 노력하며 좋은 결과를 만들어 낸다. 괜찮다고 할 때마다 대견하고, 한편 슬프다. 배움이 평생교육이라지만 배움의 때에 더 채워줬더라면, 잠을 포기하며 친구들을 따라가려는 학업이 아니라 자기 공부를 하지 않았을까?

힘든 세월이었다. 오래 참고 지냈으리라. 지금의 세월을 이길 수 있는 힘은 어쩌면 그 세월을 살아냈기 때문일 것이다. 오래 참는다는 것, 인간의 힘으로는 분명 한계가 있다. 그 한계의 끝에 서면 사람을 통해 일으켜 세워주시는 그 사랑과 은혜가 있었다. 그 사랑 덕분에 가족이 서로 돈독한 사랑을 만들어 갔음을 고백한다.

한 사람이 생각난다. 장양순, 우리 언니. 작은 교회 목회를 하면서 육신의 힘듦이 사역의 두려움과 불안이 될 때, 눈물 흘리며 하소연 하면 들어주었다. 사모로서 걸어가는 길을 인정하며 격려와 용기를 보내줬다. 어려움을 아는 언니는 가진 물질을 동생의 아픔 위에 아낌없이 쏟아부었다. 언니의 헌신은 사모의 길에 함께 걸어가는 발자국이었다.

언니는 지금도 나의 아픔을 들어주는 귀다. 아무 조건 없이 그저 사랑과 믿음으로, 마음과 귀를 빌려준다. 크게 드러나지 않는 사역의 길을 무조건 신뢰하는 이가 있다는 것은 힘써 일하는 힘이 된다. 믿음의 본질에서 떠나지 않으려는 작은 교회 사모에게 하나님이 주신 귀한 선물이다.

뒤돌아보면 은혜 아닌 것이 없다. 그 사랑의 은혜가 있기에 지치지 않는 삶을 살 수 있었다. 사랑은 내 눈에 잘 보였다. 다행히 닿을 수도, 만질 수도 없는 사랑을 느낄 수 있었다. 그래서 기어코 사랑이 아니면 안 된다고 말한다. 그 사랑이 딸들의 마음에 안정감을 주었고 두려움을 맞서 나아가는 용기를 주었다고 믿는다.

아빠 생일을 온몸으로 축하하는 두 딸은 이제 꿈을 향해 기쁘게 걸어가고 있다. 학창 시절의 빈곤함이 그다지 결핍으로 남아 있지 않다. 성장기에 겪었을 부모의 삶이 그랬듯이 딸들 또한 소유하기보다 베푸는 믿음이 크기 때문일 것이다.

과거의 삶이 현재의 삶을 더 단단하게 만들어 가고 있다. 성공과 출세만을 위해 앞과 위만 바라보는 것이 아닌, 우정과 사랑, 진리를 향하여 옆도 보고 뒤도 보면서 살아갔으면 한다.

　딸들의 생각은 날마다 커 가고 우리 부부는 그보다 더디다. 세 살 아이에게도 배울 것이 있다는데 청춘을 달리는 딸들에게 얼마나 배울 것이 많겠는가. 우리에게는 대화하고 소통하는 힘이 있다. 오늘도 가슴을 열고 딸들의 언어에 귀를 기울인다.

(8.)

하루의 비밀

언제부턴가 하루하루 스스로 반복하며 움직이는 것 같았다. 숲이 팽창하여 터질 것만 같은 아침의 신선함도 여느 한 날의 아침이었고, 허물을 벗은 듯한 흔적 또한 여느 한 날의 집안 풍경이었다. 설거지와 청소, 빨래를 하며, 제자리, 제자리, 제자리를 찾아 분주하게 움직이는 모습 또한 여느 한날의 나였다.

인간의 하루엔 거듭된 반복만이 있는 걸까? 오늘도 여느 한 날처럼 살아간다. 판타지 소설 『오즈의 마법사』에서 노란 벽돌 길을 따라 에메 랄드 시를 향해 걸었던 도로시도 잊은 지 오래였고, 오천 송이 장미꽃 을 보며 실망하는 어린 왕자 옆에 멋진 말을 해준 여우 같은 친구가 있 는지도 잘 모르겠다.

결국 우울은 나를 단순함 속에 가둬 버렸다. 몸의 호르몬 변화는 한 가지 생각만 주었다. 일상의 반복이 나였구나, 전혀 새로울 것도 없어! 무기력한 마음과 생각이 열심히 살았던 세월을 조롱하는 것만 같았다.

답답한 마음으로 베란다로 나갔다. 창문을 열자 파릇파릇한 산자락이 보이고, 봄바람 속에는 미세먼지 하나 섞여 있지 않은 청명한 날이었다. 신선한 공기가 이렇게 스며드는데 나는 그저 그렇다. 막연하게 초점 없는 눈으로 바라볼 뿐이었다.

그때 할머니 한 분이 지팡이를 짚고 지나가는 것이 보였다. 아, 그렇지. 할 일이 있었지. 서둘러 주섬주섬 옷을 갈아입고, 화장실에 있던 물조리개에 물을 담아 현관문을 나섰다. 반대편 일층 할머니 꽃밭에 가야 했다. 할머니가 병원에 입원하면서 미리 부탁한 일이 이제야 생각난 것이다.

우울한 몸으로 움직이려다 보니 화사한 봄꽃들이 눈에 들어오지 않았다. 기다렸던 물줄기 덕분인지 본연의 빛깔을 내는 봄꽃이 내 앞에 있는데, 물줄기만 바라보았다. 그때 문득 주목하게 하는 무언가가 있었다. 나뭇잎에 타원형으로 대롱대롱 매달려 있었다.

아, 벌레집이었다. 허리를 구부리고 무릎을 굽혀 가까이에서 자세히 들여다보았다. 그렇지, 야생화 꽃들이 해충으로 피해를 입을지도 몰라. 할머니가 정성스럽게 키우던 꽃들이 걱정스러워진 나는 벌레집이 매달린 나뭇잎을 뜯어내려다가 순간 손을 멈췄다. 가만히 지켜보고 싶어졌다.

이 조그만 공간 속에 생명이 숨쉬고 있을까? 아주 사소한 호기심은 몸집을 키우더니 단순하고 익숙했던 내 삶을 슬그머니 흔들었다. 잠시 동안, 단 하루 만에 할머니 꽃밭이 깊이 내 마음속으로 들어왔다.

어느 집 정원처럼 잘 가꾸어진 꽃밭이 아니었다. 잡초들이 뒤섞인 보잘것없는 꽃밭이었는데 자꾸 들여다볼수록 새로운 꽃들이 보이고 생명이 보였다. 날마다 꽃밭을 찾게 된 것은 우연히 발견한 벌레집 덕분이었다.

며칠이 지나도 벌레집에는 아무런 변화가 없었다. 어쩌면 말라 가고 있는지도 몰라. 호기심 반 기다림 반. 삶의 의미를 던져주는 벌레집 앞에서 시간이 지나가자 새 생명이 다가오고 있었다. 한 생명이 창조되는 순간은 새벽 미명이었다. 조심스럽게 태어난 듯했다.

내가 꽃밭을 다시 찾았을 때는 벌레집이 찢어진 채 빈 집으로 남아 있었고, 작은 애벌레 한 마리는 벌레집에서 유유히 사라지고 아무것도 남아 있지 않았다. 그랬구나, 새 생명이 자라고 있었어! 그저 바라만 보았을 뿐 돌보지도 못했는데 새 생명을 잉태하고 자라게 한 벌레집의 승리였다.

코로나로 인해 예배의 방향이 다양해지면서 오랜 세월 함께한 교인들을 보지 못하게 되자 마치 교회가 무너져 내리는 것 같았다. 불안

이 나를 흔들었고, 빛바랜 장난감 세트처럼 온갖 자질구레한 감정이 불쑥불쑥 튀어나와 어느새 불평하고 있었다.

하루가 공허했다. 그런데 다시 가슴이 뛰기 시작하는 것이 아닌가. 창조의 메타포가 꼬리를 물고 새로운 변화를 가져왔다. 하루 안에 감춰진 무수한 비밀이 있었다. 하나님이 나를 향해 계획하신 일들이 아직 남아 있음을 깨우치는 시간이었다. 함께 걸어갈 가족과 성도의 존재가 넉넉함으로 다가왔다.

갱년기를 걸어가는 내 모습을 이해하는 믿음의 가족, 우리 가족이었다. 인생이 허무하다며 나이 드는 모습만 되돌아보던 나였다. 다시 강건해졌다. 벌레집이 살던 곳에서 일상의 세밀함을 얻은 나는 몸의 변화도 사역의 변화도 자연스레 받아들일 수 있었다. 소망이 보였고, 내 삶을 다시 사랑하게 되면서 타인을 향한 이해와 통찰을 얻을 수 있었다.

점심시간이면 남편의 손을 잡고 앞산 둘레길을 걸었다. 소소한 날에 깃들어 있던 불안과 두려움을 버리고, 다시 소망을 품은 우리 두 사람, 발걸음의 마지막 종착지는 언제나 교회였다. 기도해야 할 성도들의 이름이 빈 의자에, 우리 품속에 한가득 있지 않은가.

기도하며 기다려야 한다. 어느 하루 일상에 깃들어 예배 자리에 있을 성도들을 떠올린다. 하나님은 절대 포기하지 않으시니 우리가 포기할 수는 없다. 사랑과 믿음의 힘으로 기다리는 창조의 시간이 있을 뿐이다.

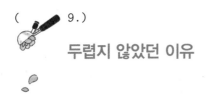

두렵지 않았던 이유

프리다 칼로(Frida Kahlo), 1907년 멕시코 코요아칸에서 태어난 그녀는 여섯 살 즈음 척추성 소아마비를 앓았고, 학창 시절에는 교통사고를 당해 왼쪽 다리 열한 군데와 골반과 쇄골이 골절되었으며, 갈비뼈가 부러졌다.

더 큰 고통은 버스 손잡이가 배를 관통하면서 자궁이 손상되었고, 불임 판정을 받았다. 그녀는 척추 고정 코르셋을 입은 채 일 년 동안 병실에 누워 있어야 했다. "일 년을 앓고 척추 수술을 일곱 차례나 받았다. 자주 절망에 빠진다. 어떤 말로도 표현할 수 없는 절망감. 그럼에도 불구하고 살고 싶다." 그녀의 말이었다.

병실에 누워 있어야 했던 그녀를 이끌어 낸 것은 그림이었다. 그림을 통해 고통 중인 자신을 드러낼 수 있었고, 그림을 통해 고통을 이기며 '그럼에도 불구하고' 정신을 가질 수 있었다.

"우리 딸! 오늘 다 함께 새벽을 달려 보는 게 어때?"

"치느님 출동해야겠네?"

그렇게 네 식구는 식탁에 모여 앉았다. 사실 이 자리는 큰 딸을 위로하는 자리였다. 중학교 2학년 때 설교를 듣다가 히브리어 '에레츠(ארץ, 땅)'라는 말에 가슴이 일렁거렸다는 딸은 돌연 아빠가 다닌 신학대학교에 들어가고 싶어 했다.

교수가 되어 좋은 목회자를 양성하는 꿈을 꾸게 된 딸은 소신대로 신학대학에 수석 입학하여 4년의 대학 생활을 잘 마쳤다. 그리고 곧바로 대학원에 입학했다. 부모의 형편을 아는 딸은 오롯이 장학금을 받아 학업을 마치리라 결심했고, 최선을 다하여 공부했다.

대학원 첫 성적은 all A+였다. 하지만 성적장학금을 받지 못했다. 백분위에서 밀려났다고 한다. 등록금 고지서를 받던 날, 딸의 얼굴엔 여러 생각이 가득했다. 어느날 조용히 다가오더니 휴학을 이야기했고 진로를 고민해 보겠다고 했다. 여전히 가정의 어려움을 헤아리고 있었다. 공부를 하면서도 친구들처럼 직장을 다녀야 하지 않겠냐며 간간히 말을 하곤 했었다. 아마 더 열심히 공부하게 된 이유였을 것이다.

"우리집이 부자였으면 좋았을 것을."

"아니야, 엄마. 작은 것에서 큰 기쁨을 느끼잖아. 이대로 하나님께 감사해. 노력했는데 성취감이 없어서 힘이 빠진 것뿐이야."

문득 큰딸이 초등학교 4학년 때 가을운동회 날이 생각난다. 달리기를 마친 딸이 운동장 흙을 툭툭 발로 차고 있는 것이 아닌가. 신발 모양새가 이상했다. 엄마를 발견하고 냅다 달려오는 딸의 왼쪽 운동화 앞창이 크게 벌어져 있다는 것을 알 수 있었다.

딸이 움직일 때마다 운동화 앞창이 덜렁거리며 벌어지기를 반복하고 있었다. 자칫 넘어질 것만 같았다. 아침에 신겨준 노란 양말은 황토색으로 변해 있었다.

"언제 이렇게 된 거야?"

"며칠 전에 조금 벌어졌는데 오늘 더 많이 벌어졌어."

딸은 앞창이 벌어진 운동화가 재밌다는 듯 아무렇지도 않다는 듯 발장난을 치며 웃고 있었다.

"악어 입 같지? 내 발이 악어 혀야, 엄마!"

그러더니 앞창이 덜렁거리는 운동화를 갑자기 나를 향해 들이대던 아이였다. 마음 아파 움찔거리던 엄마를 웃게 하려는 장난끼 많은 딸의 장단을 맞춰 깜짝 놀라는 시늉을 했다. 두 팔을 들어 크게 리액션을 하며 뒤로 물러서자 딸의 웃음소리가 터져 나왔다.

흙먼지 휘날리는 운동장에서 하얀 피부를 가진 키 작은 딸의 표정은 햇살처럼 밝았다. 이 정도로 시무룩할 리 없는 씩씩한 어린이였다. 딸이 낡아 벌어진 운동화 탓에 수치심을 겪지 않아서 고마웠다. 내면 아이가 단단했나 보다.

그 일이 있은 후, 두 딸을 더 세심하게 살폈다. 비록 부족해도 마음만으로 충분할 수 있다는 믿음이었다. 형편이 어려워 못해 주는 것보다 눈여겨보지 않아 일어난 문제가 더 많았다. 딸들의 상황을 읽으며 유대감을 가지려고 했다.

우리의 사고, 감정, 행동은 대물림되기도 하지만 환경의 영향을 받을 수밖에 없다. 가족 공동체가 주는 힘. 서로 사랑하며, 자신을 사랑할 줄 아는 자존감 있는 딸들의 성장을 위해 무던히 애썼다.

흙먼지 묻은 옷으로 집안으로 들어설 때 지저분해진 옷보다 즐거워하는 딸을 먼저 볼 줄 아는 엄마가 되려 했다. 울기도 하고 웃기도 하는 딸의 마음을 공감하고 싶었다. 기쁨은 더 크게, 슬픔은 함께 나눌 수 있는 엄마이길 바랐다.

엄마라는 이유로 아이들의 시간을 빼앗지 않기를 기도했다. 어려움이 핑계가 되어 가난의 눈높이를 맞추라고 하지 않아야 했고, 서툴러서 실수하는 어린 시절을 누리기를 바랐다. 감사하게 딸들은 잘 자랐다.

큰딸은 지금 영상 공부를 시작했다. 자신의 인생에게 새로움을 주고 있다. 신학대학 교수가 되겠다고 한 길만 걷던 딸이 다시 전인미답(前人未踏)의 길로 스스럼없이 뛰어 들었다. 그럼에도 불구하고 또다시

63 —————

감사하다는 딸의 고백을 듣다 보면, 나는 하나님께 은혜 받는 자라는 생각에 가슴이 울컥한다.

영상을 배운다는 딸의 소식을 접한 대학원 연구소와 몇몇 분들의 도움으로 일 년 과정을 무사히 등록할 수 있었다. 교수를 꿈꾸며 지금껏 달려온 딸의 인생을 하나님이 어떻게 이끌어 가실지 그 향방을 알 수 없지만 기대된다.

프리다 칼로가 고통 중에 그림을 만나 그녀의 삶을 아름답게 만들었듯이, 우리 딸들에게도 하나님이 주신 삶을 믿음의 눈으로 붙잡기를 기도한다. 가족의 인생에 그럼에도 불구하고 감사하고, 그리 아니하실지라도 감사하다는 은혜가 넘치기를, 모든 것은 하나님의 손길 아래 있다.

(10.)

녹보수나무 꽃에 눈맞추다

교회 안의 큰 화분에는 녹보수나무 네 그루가 심어져 있다. 울퉁불퉁한 몸과는 달리 나뭇잎이 무성하게 잘 자란다. 지하 교회 한쪽 벽면에 자리잡은 녹보수는 햇빛을 받지 못한 채 겨울을 지내다가 봄이 되어야 교회 밖 햇빛을 만난다.

지난해 신년을 맞이하는 1월에 녹보수는 너무도 당당하게 꽃을 피웠다. 5년 만이었다. 화분에 물을 주다가 발견한 하얀 꽃송이 두 개를 보며 교인들과 함께 얼마나 신기해 했는지 모른다. 녹보수 꽃을 사랑스런 눈빛으로 쳐다봤다.

올해도 녹보수는 보일 듯 말 듯 두 송이 꽃을 피웠다. 갑자기 들이닥친 한파 탓인지 잎새가 가을빛으로 바뀐 채 급하게 교회 안으로 들어왔고, 얼마 지나지 않아 누렇게 변한 녹보수 잎이 후두둑 떨어졌다.

그랬던 녹보수가 이처럼 척박한 환경에서 다시 꽃을 피웠다. 아름답게 보존하려는 섭리의 몸부림은 성급한 추위가 찾아와 미처 준비하지 못했는데도 기어코 하얀 꽃을 피워냈다.

그이름교회를 개척하고 20년째 목회하고 있다. 흘러간 세월을 뒤돌아보면 교회를 세울 때의 열정은 뜨거웠고, 믿음 위에 단단히 서 있었다. 한 해 두 해가 지나면서 부흥의 열매가 부족하게 느껴질 때, 세월은 많은 것을 가르치며 다가왔다. 너희가 품고 있던 희망은 두 가지 얼굴이니 선택은 오롯이 너희 몫이라는 것이다.

네덜란드 철학자 스피노자(Baruch Spinoza)는 '희망이란 불확실한 기쁨이다. 그것은 우리가 그 결과에 대하여 어느 정도 의심하는 미래나 과거의 사물에 대한 관념에서 생겨난다'고 했다. 희망의 개념을 '불확실'과 '의심'에 방점을 찍었다. 결과에 대한 불확실한 기쁨, 그림자처럼 따라다니는 의심. 희망 안에 있는 것들이라고 한다. 그렇다면 우리가 꿈꾸는 희망은 이루어지기도 하고, 이루어지지 않을 수도 있지 않겠는가.

목회가 다 그렇겠지만, 작은 교회 목회는 참 많은 경험을 하게 한다. 두 얼굴의 희망 앞에서 마음에 장애가 생기면 불가능만 외친다. 세상은 하나님을 믿는 사람들을 밀어내고, 많은 이들은 하나님의 품을 떠나 자신이 옳다고 생각한 대로 인생을 살아간다.

그들에게 목회의 길은 희망이 없고 교회는 일어설 힘이 없다고 소리친다. 누가 이렇게 작은 지하 교회에 발을 딛겠냐며 친절한 불안감을 심어준다. 시간은 무자비하게 사역으로부터 나를 떼어놓으려고 하고, 대형 교회들 사이에서 아무도 찾지 않을 교회가 될 거라는 의심이 깊숙이 자리잡는다. 어느 순간부터 의식주의 흔들림에서 벗어나는 것이 목회의 희망이 되며, 믿음의 본질이 사라지고 육신의 안위함만이 목적으로 남는다.

오 헨리(O. Henry)의 『마지막 잎새』 한 장면이 떠오른다. 폐렴으로 죽어 가는 존시를 위해 세찬 돌풍이 몰아치는 비바람 속에서 벽돌 담 위 담쟁이덩굴의 마지막 잎새를 그리는 베어먼 노인, 그가 그려 넣은 마지막 잎새에 희망을 품고 죽음을 이기는 존시의 모습이다.

창문을 열었다. 1월의 차가운 공기가 집안으로 들어온다. 나무의 울창함에 가려 보이지 않던 이웃집들이 불빛 아래 그대로 보였다. 나는 희망을 그리는 사람 베어먼인가? 희망을 바라보는 가녀린 여인 존시인가? 정말로 어떤 사람으로 살아야 하는가?

차가운 바람이 질문과 함께 내면 깊숙이 스며들었다. 교회로 향할 수밖에 없었다. 저녁 8시 기도회 시간보다 조금 일찍 도착했다. 자리에 앉자마자 눈물이 쏟아졌다. 꾸역꾸역 인간의 힘을 다 쏟으며 살기에 어느덧 기도 자리에 눈물조차 메말라 가고 있었던 때였다.

두려움은 하나님의 약속을 잊게 했고 불안으로 다가와 믿음의 눈을 가렸으며, 희망을 품지 못하게 했다. 그렇게 살고 있었다. 아무도 없는 교회에서 실컷 울었다. 간절하게 나를 내려놓았다.

매일 이 자리에 있었는데 정말 오랜만에 기도하는 것 같았다. 하나님, 우리가 하나님 나라를 꿈꾸며 불안과 두려움 속에서도 기뻐하며 목회할 수 있을까요? 울음소리에 남편의 눈물이 섞였다. 같은 마음일 거야. 힘들어하는 나를 보며 기도했을 테니까.

그때 또 다른 기도 소리가 들렸다. 퇴근하고 곧바로 기도하러 온 집사님 두 분이었다. 간절히 기도하는 우리 기도에 방해가 될까 봐 아주 조용히 들어왔기에 미처 알지 못했다. 큰 교회의 풍요로운 예배를 포기하고 우리 곁에 와 준 이들. 눈물로 하는 두 분의 기도가 응답을 하고 있었다. 마지막 잎새라고.

어느 정원의 가드닝 사진을 본 적 있다. 야생화 한 포기를 보호하기 위해 절반으로 깨진 항아리 뚜껑을 양 옆에 동그랗게 두었다. 야생화는 예쁜 보호 장비를 착용한 셈이다. 깨진 뚜껑은 버려지지 않고 다시 제 일을 찾아 생명을 얻었다.

그 사진을 보면서 사모인 나의 눈과 마음이 정원 주인의 시선을 닮아야 하지 않을까 생각했다. 부서지고 깨져서 상처투성이 성도의 삶을 회복하며 함께 동행할 수 있는 방법은 말씀과 기도로 깨어 있어야 가능하다. 그래야만 하나님의 사랑을 담아서 나눌 수 있다.

다시 사모의 옷을 입었다. 함께 울어주고 빈손을 채우며 지금껏 걸어가는 작은 자들을 통해 하나님으로부터 오는 소망을 품었다. 가만히 묵상하면 우린 희망을 그리는 베어먼이기도 하고, 희망을 바라보는 존시이다. 하나님이 맡겨준 양들에게 복음의 진리를 전하며 삶에 희망을 넣어 주는 자이고, 하나님 앞에 희망을 바라보는 어린 양이기도 하다.

감사하게 20년을 달려왔다. 구비구비 힘들었던 고비를 남편의 손을 잡고, 마지막 잎새와 같은 교인들과 함께 걸었다. 올해 핀 녹보수 꽃을 전교인이 같이 보지 못해 아쉽다. 녹보수 꽃은 소리 없이 피어나더니 눈 맞춤하고는 조용히 떨어지고 말았다. 겨우 빛이 스며드는 환경에서도 어여쁘게 피어난 녹보수 꽃송이를 보며 다함께 웃고 싶다.

(11.)
엄마의 종소리

엄마의 인생 지우개는 멈출 생각이 없다. 날마다 지우기만 한다. 엄마 옆에서 하루를 만들어 갈 아버지도 없고, 자식들도 없기에 지우개는 과거까지 되돌아가서 지우는 걸까? 우리 모습이 엄마 앞에서는 날마다 사라진다.

엄마는 매번 낯설게 새로운 눈빛으로 우리를 본다. 엄마의 흔들리던 두 눈에 내 눈을 맞추며 가만히 보고 있노라면 엄마의 눈망울이 금방 평온해지지만, 다정했던 엄마의 눈빛은 여전히 멍하다. 그럼에도 우리는 위로를 받는다. 자식을 보며 불안해하지 않고 두려워하지 않는 엄마의 모습만으로도 감사하다.

단순한 엄마의 하루는 다채롭다. 남편도 자식도 새로운 사람이다. 순간 맑은 정신이 찾아들 때면 사랑하는 사람이 되어 우리를 한껏 걱정한다.

"영감, 지금 어디 있소?"

"아들 집에서 잘 살고 있으니까 걱정 안 해도 되네."

"이잉, 잘했네. 밥은 묵었소?"

반짝 정신이 맑아지면 엄마의 질문은 똑같이 아버지에게 반복한다. 아버지는 엄마의 질문을 끝까지 들어주고 받아주었다. 청춘을 함께한 시골집에서 나이 들어가며 오순도순 살 줄 알았다던 아버지. 고관절 수술 후 거동이 불편해지고 설상가상 치매까지 심해진 엄마를 시골집에서 데리고 나올 수밖에 없었다.

구순의 아버지가 엄마를 바라보는 눈매는 슬픔이 가득 차 있다. 귀가 어두워져서 엄마의 말을 잘 알아듣지 못해도 두 분의 대화는 아무 이상이 없다. 마음으로 소통하고 지나온 세월로 이해했다. 부모의 삶은 참 애달프다.

요양원에 있는 엄마가 나를 알아볼 때는 꼭 셋째 언니를 불렀다.

"양순아, 어디 있냐? 진희, 배고프겠다. 밥 차려 줘라."

"왜 맨날 나보고 진희 밥 차려 주라고 하는데?"

"이잉, 그러면 누가 차려 주냐. 네가 차려 줘야지?"

엄마 기억 속에 셋째 언니는 부엌일을 잘 도와준 딸이었고, 작은 교회 사모로 살고 있는 나는 고생하는 배고픈 자식이었다. 시골에 계시다 안산 오빠 집에 한 번 다녀가실 때에도 엄마는 내게 "사모는 힘든 길이니 무릎으로 살아야 이겨 나갈 수 있단다."라고 했다. 그래서 그런지 엄마의 기억 저편에는 아직도 나는 밥을 더 먹이고 싶은 자식이었다.

오늘은 집안 창고를 정리하다가 사진 한 장을 물끄러미 바라보았다. 시골 교회 녹슨 종탑 앞에서 긴 종탑 줄을 잡고 웃고 있는 어린 나였다. 그 시절 종탑 줄은 아주 높다랗게 묶여져 있었다. 혹여 아이들이 줄을 잡고 놀다가 실수해서 종을 울릴까 봐 그런 듯했다.

새벽종을 치고 난 후 단단히 묶어 손이 닿지 못하도록 해 놓았는데, 순간 고개가 갸우뚱거린다. 혹시 사진 찍기 전에 엄마가 종탑 줄을 잡아 보게 했을까?

엄마가 종 치는 모습을 딱 한 번 본 적이 있었다. 긴 줄이 리듬을 타듯 크게 올라갔다 내려갔다 했고, 그 줄을 잡은 엄마는 어슴푸레 밝아 오는 새벽 여명에 무척 멋있고 예뻤다. 어쩌다 설친 새벽잠으로 비몽사몽했던 날에는, 새벽종을 치는 엄마의 모습이 방안을 둥둥 떠다니기도 했다.

차가운 겨울바람이 문틈으로 스며들고 구들장이 미지근하게 식어 갈 즈음, 방문이 삐거덕 열리는 소리가 들리면 방안에 동생과 나, 둘만 남아 있었다. 새벽종을 치기 위해 매일 집을 나섰던 엄마, 그 뒤를 따라가는 아버지. 엄마가 새벽종을 치고 있을 때 아버지는 예배당에서

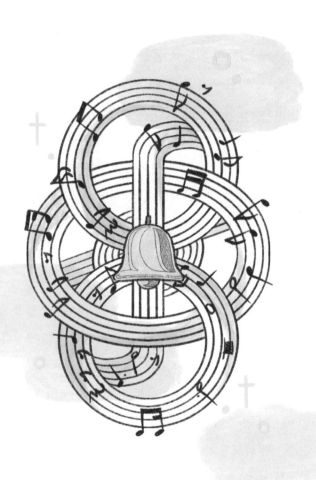

기도를 했다.

시골의 고요한 새벽을 깨웠던 엄마, 아버지의 성실은 매일 새롭게 피어났다. 녹슨 종탑의 커다란 종을 줄로 잡아당기며 엄마는 잠자는 이들을 깨웠다. 어떤 이들은 종소리에 일어나 교회에 예배드리러 왔고, 어떤 이들은 제법 이른 시간인데도 일을 시작했다. 새벽종에 묶인 기다란 밧줄에는 엄마의 오랜 손 때가 묻어 있었다.

어린 시절, 겨울밤이면 아궁이 속에 묻어둔 군고구마와 볶은 검정 콩이 최고의 간식이었다. 시커멓게 탄 뜨거운 고구마가 엄마 손에서 노란 속살을 드러내면 빨리 먹고 싶은 마음에 뜨거운 고구마를 잡다가 비명을 지르기도 했다.

시골집 방안에 웃음이 구석구석 채워지는 날이면 주인처럼 들어오던 겨울바람도 함께 놀고 싶을 것 같았다. 유독 볶은 콩을 좋아하던 아버지, 오도독 오도독 아버지의 콩 씹는 소리가 들리면 달달하고 고소한 냄새가 났고, 어느새 침샘이 고여 오곤 했다.

나지막한 목소리로 들리던 엄마의 찬송 소리, 아버지도 같이 흥얼거린다. 배움이 없어 까막눈이던 부모님은 성경을 읽고 찬송을 부르고 싶어서 스스로 한글을 깨우쳤다. 녹음기에서 들리던 성경 말씀, 찬송가가 없어도 부를 수 있었던 찬송은 겨울 밤 자녀들에게 들려주는 부모의 교훈이었다. 하나님을 가르쳤던 부모의 신앙과 사랑이었다. 부모의 그늘은 따뜻하고 포근했으며 삶에 일용할 양식이 되어주었다.

우리 삶을 코로나 19가 다르게 만들었다. 언제나 볼 것 같았던 엄마의 얼굴을 볼 수 없다. 올해 아흔인 엄마는 갈수록 지방과 근육을 소멸시키고 말라 가고, 거친 손마디가 애기 살갗처럼 부드러워졌으며, 검게 그을린 피부는 말갛고 하얗다. 이젠 엄마 기억 속에 내가 없다. 딸이라고 말하는 나를 보며 빙그레 웃기만 할 뿐이다.

엄마가 말하는 대로 편지를 썼던 그 세월이 그리워 가슴이 울컥해진다. 지워져 가는 엄마의 인생, 늙어 있는 아버지의 시간. 부모와의 이별이 분명 너무나 가까이 다가와 있다. 죽음의 그물망이 좁혀지면서 두꺼워지고 있는 것 같다.

그럼에도 소망을 품는다. 아버지가 천국을 향하여 하루를 감사하며 기도로 살듯이, 부모의 마지막 인생길에 우리들의 기도가 얹어진다. 부모의 믿음은 자녀에게 유산이 되었고, 장로, 권사, 사모, 믿음의 자녀들이 되어 또 다시 후대에 하나님을 전하고 있다. 카랑카랑하고 시원스럽게 "진희야"라고 불렀던 엄마 목소리가 매우 듣고 싶은 날이다. 사랑은 오늘도 스쳐 가고 또 다시 내게 왔다. 그 사랑이 울린다.

CHAPTER 2

그 사랑 덕분입니다

(1.)
둘이 하나 되어

사람, 그 수많은 중에서

남자와 여자는 교회 유치원에서 만났다. 유치원 아이들을 집 앞에 내려 주던 오후, 서성이던 가을빛을 각자 따로 다른 흐름으로 바라본다. 그들의 시선은 닮은 구석이 없어 보인다. 차창 너머 가을이 온통 여자의 생각을 훔쳐갈 때 갑자기 남자가 길가에 차를 세운다. 다급하게 안전벨트를 풀며 차 밖으로 뛰쳐나가던 남자가 여자에게 외친다.

"차 엔진에서 연기 나요! 빨리 내리세요."

남자의 시선은 여자 쪽을 보지도 않은 채 반사적으로 차로부터 몸이 멀어진다. 너무나 갑자기 벌어진 일이라 여자는 상황 판단이 더디다.

"빨리 나오세요. 차에 불붙을지 몰라요."

차 밖에서 외쳐 대는 남자 목소리가 번개처럼 요란하다. 그제야 여자도 엔진에서 연기가 새어 나오고 있음을 알아차린다. 황급히 차에서 내리는 여자, 남자에게 여자는 수많은 사람 중에 한 사람이었다.

눈빛, 가슴에 담다

남자와 여자는 그해 가을 그 길 위를 달린다. 어느새 시간은 두 사람의 마음에 새옷을 입혀 주었다. 유치원 아이들을 바래다주고 돌아오는 길, 각자의 설렘을 감춘 채 다른 듯 닮은 시선으로 서로를 바라본다. 또다시 남자가 길가에 차를 세운다. 낡은 가스 차 안으로 가스 냄새가 심하게 스며들어왔기 때문이다

"위험해 보이니까 우선 내려요!"

남자는 여자가 차에서 완전히 내릴 때까지 기다려 준다. 그의 눈은 여자에 대한 걱정으로 가득하다.

"먼저 유치원에 가서 마무리하세요. 처리하고 갈 테니까!"

남자는 여자에게 택시를 잡아준다. 여자는 배려 속에 숨어 있던 남자의 눈빛을 가슴에 담고 말았다. 서로에게 닿을 수 없을 것 같은 마음이 시간과 공간이라는 같은 풍경 속에서 다른 이름으로 변해 갔다. 사랑이라고.

인생, 그 위의 동행

또다시 가을, 남자와 여자는 여전히 길 위에 서 있다. 그들은 이제

같은 시간을 함께 흘러간다. 남자의 시간 속에 여자의 시간이 담기고, 여자의 시선 속에 남자의 시선이 머물러 있다. 부부라는 의미는 그들에게 인생의 같은 곳을 향하여 동행하게 했다. 살아 숨 쉬는 삶이 남자와 여자의 생각을 좀 더 깊고 넓게 살찌웠으며, 서로를 이해하며 바라보게 했다. 이번에도 남자가 길가에 차를 세웠다.

"엔진 소리가 이상하네. 잠시 차 세울 테니까 문 열지 말고 기다리고 있어."

남자는 여자가 안전하게 차에서 내릴 수 있도록 다가와 손을 붙잡는다. 세월의 무게에 눌려 연약해진 여자를 온몸으로 부축한다. 남자와 여자는 소슬한 가을바람에 실려 온 인생의 풍경 위에 나란히 나란히 함께 서 있다.

며칠 전, 남편 몸에서 이상 신호를 발견했을 때 혹시나 하는 두려움에 떨었다. 내 인생에서 남편의 존재는 여백일까 중심일까 자문해 보니 한 세월 한 세상을 살아온 떼려야 뗄 수 없는 소중한 사람임이 분명했다. 서로 알지 못했던 시절부터 사랑으로 부부가 되는 과정까지 한 걸음마다 남편과 내가 함께 만든 추억으로 가득했다.

초보운전 시절, 유치원 아이들 차량을 운행하던 남편의 굳은 몸이 생각났다. 옆에서 뭘 물어보면 '말 시키지 마세요.'라면서 전방만 주시하던 그 모습. 차선을 변경하지 못해서 안산을 뺑뺑 돌았고, 한 번 직진은 영원한 직진이 되어 버렸다. 고속도로까지 밀려가지 않았으니 얼마나 다행인가! 처음 차에서 연기가 났을 때 나를 내버려두고 도망간 남편은 이제 내 껌딱지가 되었다.

부부의 사랑은 나이가 들면 들수록 세월의 켜만큼 깊어지는 것 같다. 하나님께서는 참으로 감사하고 고마운 이를 내게 보내셨다.

"여보! 아프지 말고 함께 눈 맞추며 살아요."

"당신이 옆에 있어 참 좋습니다."

무화과나무 아래서

눈이 먼저 웃는 아이가 있었다. 이불을 가슴팍까지 끌어당기며 웅 크린 듯하더니, 선잠 깬 눈으로 부모의 하루를 본다. 작은 부엌에서 들 리는 달그락거리는 소리와 구수한 밥 냄새가 방안으로 들어왔다. 아이 는 이른 새벽 밥 냄새를 맡으며 다시 잠이 들었다.

그 시간이면 초승달이 보였다. 서두르는 하루를 살았지만 늦은 저 녁에 집으로 돌아온 부모의 모습에는 오늘의 가난이 함께 들어왔다. 어느 날인가 그 가난은 쌓이고 쌓여 내일이면 사라질 가난이라 하지 않았다. 한결 같았던 가난이었다.

책가방을 메고 학교에 가는 친구들을 보며 책보자기를 어깨에 메 고 다녀야 했던 아이였다. 어렵게 구한 책가방은 하필 빨간색이었고 공주 그림이 그려져 있었다. 빨간색 가방을 메고 걸어가는 아이를 보 며 친구들은 수군거리거나 낄낄거렸다.

왜소하고 내성적이며 키마저 작은 아이는 세상이 두려워 자신을 익살 속에 감추었다. 성장하면서 자신의 겉모습에 비아냥을 뒤집어썼다. 그것이 자신을 강하게 만드는 힘인 것만 같았다.

아이는 불량한 친구들을 만났고 불량한 학생이 되어 갔다. 가난에 둘러싸인 삶 속에서 부모는 자식의 모습을 어루만질 힘이 없었다. 부모에게도 가난은 몹시 힘겨운 일이었을 테니까.

하나님은 이 아이를 어떻게 붙잡고 계셨던 것일까? 어린 시절부터 아이 옆에는 외할머니 집이 가까이 있었다. 작달막한 키에 마른 체형의 외할머니는 언제나 웃는 얼굴로 손자를 반겨 주었다. 햇살 받은 마루에 앉아 아이에게 성경 이야기를 들려주었고, 혹여 외갓집에서 자는 날이면 졸린 눈을 비비며 외할머니 손에 이끌려 새벽예배에 갔다. 아이에게 교회 가는 길은 즐거웠다.

초등학교 6학년 여름이었다. 외할머니 집 마루에서 커다란 무화과나무를 보고 있던 아이에게 두근거리는 일이 생겼다. 작은 이모의 목소리가 들렸다.

"엄마! 우리 아이는 교회 가는 것과 성경 읽는 것을 너무 좋아해서 아무래도 목사가 될 것 같아요."

순간 아이 마음속에 '목사'라는 말이 들어왔다. 동시에 강대상 앞에서 설교하던 목사님 얼굴이 떠올랐다. 아이의 가슴이 두근거리기 시작했다. 급하게 마루에서 내려와 무화과나무 앞으로 내달렸다. 빨갛게 익어 가던 무화과를 향해 아무도 들으면 안 될 것 같은 목소리로 속삭였다.

"하나님, 나도 목사가 되고 싶어요. 목사 되게 해 주세요."

아이의 얼굴은 점점 붉게 물들어 갔다. 무화과나무와 뜨겁게 내리쬐던 햇빛은 아이의 말을 담은 증인이 되었고, 하나님은 웃으셨다. 하지만 아이는 성장하면서 자신이 기도했던 사실을 까맣게 잊고 살았다. 방황하고 가출을 하며 더 험한 세상으로 나갈 수밖에 없었던 아이. 누가 붙잡고 있었던 걸까? 어느 날부터인가 아이를 향해 외할머니가 말했다.

"영춘아, 성결한 목사가 되어야 한다."

참 이상한 일이었다. 무화과나무 아래 목사가 되고 싶다고 서원했던 아이는 방황을 끝내고 한 교회 담임 목사가 되었다. 눈물로 기도하며 하나님 앞에서 순종하는 자, 아이들과 아내에게 좋은 아빠 좋은 남편으로 살아간다. 웃는 모습이 참 멋있는 사람, 내 남편이다.

며칠 전 둘이 길을 걷다가 나는 뜬금없이 남편에게 말했다.

"여보, 다시 태어나면 지금보다 조금 더 가진 자로 내게 와 줘."

"괜찮겠어? 또 고생할 텐데?"

"물론, 당신 또 목사 할 거잖아."

남편의 눈이 먼저 웃었다. 아직 우리는 서로의 마음을 보면서 살아가고 있다. 남녀가 만나 사랑하고 결혼을 하여 부부가 되었다. 어느 시인의 말처럼 여름날 멀찍이 잠을 청하다가도 어둠 속에서 모기 소리가 나면 순식간에 합체하여 모기를 잡는 사이, 부부였다.

나의 삶에 남아 있는 것이 무엇인지 생각하다가 너의 삶을 다시 바라보는 순간, 많은 과정의 삶이 풍경처럼 다가와 서로의 삶을 위로하며 보듬어 가는 사이. 사랑이 마음을 움직인다. 회복 탄력성은 분명 사랑의 힘이었고, 사랑은 정말 생각의 분량이 맞다. 깊이 생각하고 깊이 이해하고 깊이 가슴에 담을 때 지속적인 사랑이 만들어진다.

코로나 3차 예방접종을 한 남편은 투박한 내 말투를 알 텐데 그 목소리를 듣고 싶은지 큰방 침대를 두고 옆에 누워 아픈 내색이다. 아무래도 손과 눈빛이 필요한가 보다. 남편의 투정에 글쓰다가 나도 모르게 큭, 웃고 말았다. 갑자기 눈을 뜨며 다 죽어 가던 소리로 "왜?"라고 묻는다. 나는 아무 말도 할 수 없다. 그냥 웃었다.

(3.)

엄마의 손바구니

인천 동지방회 사모 단체 카톡방이 생겼다. 서로 만나 교류할 수 없기에 단체 카톡방에서 안부를 묻고 기도 내용을 나누었다. 어린이날에 한 사모의 톡이 날아왔다. 엄마 살아생전에 받은 사랑의 후일담이었는데, 내게 엄마에 대한 깊은 그리움이 전해졌고, 어느새 통화를 하게 되었다. 그때 인사이트가 되어 카톡방에 이 글을 남겼다. 우리들에게 슬프고 아름다운 엄마의 추억이다.

내 손이 아기 손이었을 때 엄마는 손가락을 내게 주었다. 허공을 가르는 손짓으로 엄마의 손가락을 잡고 빙그레 웃을 때, 말랑말랑해진 엄마의 세상은 포근한 삶이 되어 나를 안아줬다. 나는 엄마의 삶 속에서 한 발자국 한 발자국 걸어 나올 준비를 하였다.

어느 날 손바구니를 만든 두 손을 엄마에게 내밀었다. 엄마의 눈빛과 손가락에서 세상을 보고 만졌던 내가 마음을 표현하기 시작했다. 엄마의 인생에 새로운 일이 시작되는 순간이다. 손바구니 두 손에는 무엇이 채워졌을까?

엄마의 큰 손에 가득 담긴 보물은, 내 작은 손에 바스락 소리와 함께 투두둑 떨어졌다. 알록달록한 사탕들이 손바구니 안에서 폭죽처럼 흘러넘쳤다. 엄마는 달콤한 사탕 안에 하루를 담아서 온몸으로 기뻐하며 축복했다. 사탕이 귀했던 시절, 어린이날 선물이었다.

점점 나의 세월도 나이가 들어간다. 그리움도 제법 쌓여 있다. 엄마의 손과 내 손은 크기를 구분할 수 없을 정도로 닮아 있고, 손바구니를 내밀던 내 작은 손은 무엇이든 원하면 잡을 수 있는 어른이 되었다. 그럼에도 하루를 담아 달콤함을 선물하던 엄마의 손은 멈출 줄 모른다. 슬며시 내미는 주름진 손은 사탕이 함께 녹여진 손이었다.

"엄마, 이제 사탕 먹을 나이는 지났는데?"

"네가 어른이 되어 결혼하고 나이가 들어도 내겐 어린이란다. 어린이날 축하한다, 딸."

오후 3시에 접어들고 있었다. 마침 어린이날이었고, 두 딸은 성인이 된 지 오래다. 공부하다가 가끔 웃는 자매의 웃음소리가 리듬을 타듯 집안을 떠다닌다. 삐거덕거리는 낡은 의자 소리가 제법 들리는 것을 보면 언니와 동생의 수다 방이 열린 것 같았다.

슬그머니 밖으로 나와 남편이 있는 교회로 향했다. 오월의 찬란한 햇살이 눈부셨다. 경비실 앞 벤치에서 햇볕을 쬐는 어르신들이 보이고, 그분들은 함께 나이를 먹어 가는 이웃과 숨고르기를 하듯 조용조용하다. 오월의 푸르름 속에 세월을 입은 노인이 조화로웠다.

길가에 피어 있는 작은 꽃들을 보며, 한참만에 불 켜진 교회 지하 계단을 내려갔다. 오월의 화사한 빛이 더 이상 따라오지 못해서 그런지 교회 안은 어두웠다. 휴게실 불빛은 보이지 않았고, 목양실 문도 닫혀 있었다.

불 꺼진 예배실 안을 들여다보다가 오래 전 기억이 떠올랐다. 어린 딸이 집 앞에서 놀다가 잠시 집안으로 들어간 적이 있었다. 이층집에서 빌린 물건을 돌려주려고 한 듯하다. 그 사이, 늘 켜져 있던 형광등이 하필 어둠 속에 묻혀 버린 상황이었다. 딸이 현관문을 열었을 때 시커먼 어둠이 눈앞에 들이닥쳤고, 어두운 집안이 무섭기만 한 딸은 현관문 앞에서 큰소리로 울며 엄마를 찾았다.

엄마 없이 맞닥뜨린 지하 방은 캄캄하고 무서운 동굴이었다. 딸이 받은 충격은 컸다. 그날 이후, 반지하 집으로 내려가는 첫 계단에 서서 엄마를 불렀고, 현관문을 열기 전에 엄마 목소리를 한 번 더 확인했다.

잠들기 전에는 절대로 불을 끄지 못하게 했다.

집안에 들어설 때마다 무서운 불안감을 느껴야 했던 딸을 위해 매일 이웃집 아이들을 불렀다. 어느덧 동네 아이들의 놀이방이 되어버린 우리 집은 그야말로 형형색색의 집이 되었다.

그 무렵 좋은 이웃을 만났다. 그녀는 목회자 사모였고, 준비가 덜된 내게 또래 아이들의 엄마이자 친구가 되어주었다. 남편은 그런 나를 배려하고, 청년 시절부터 다닌 교회에서 신앙생활을 하도록 길을 열어줬다.

아이 둘을 키우며, 관심과 배려를 받으며 신앙생활을 하던 때였다. 그때 그 과정이 내겐 사모로서 살아가야 할 여정에서 꼭 필요한 시간이었다. 그 자유함 속에서 책임감을 가진 사모가 되어 갔다.

잠시 회상하는 동안, 목양실에 돌아온 남편과 함께 아이스크림 가게를 찾았다. 어린이날이라 그런지 엄마들이 제법 많다. 첫째가 좋아하는 초콜릿 무스와 둘째가 좋아하는 아몬드 봉봉을 각각 파인트에 한 개씩 주문하고, 가족 모두 좋아하는 레인보우 샤벳트를 하나 더 주문했다.

성인이 된 딸들을 위한 어린이날 선물이었다. 딸들이 어떤 반응을 보일지 궁금했다. 작은 생각의 변화가 우리에게 큰 기쁨을 주고 있었다. 아이스크림을 준비하는 마음이 즐겁고 행복하다. 어릴 적 딸들을 다시 만나는 기분이라고나 할까?

집으로 돌아오는 길에 어떻게 이벤트를 할지 고민했는데 다 필요 없었다. 현관을 들어서자 딸들은 텔레비전 앞에서 영화를 보고 있었고, 남편은 뒷짐으로 숨겼던 아이스크림을 불쑥 내밀었다. 우리 부부는 한 옥타브 높은 목소리로 동시에 외쳤다.

"어린이날을 축하합니다."

얼떨결에 아이스크림을 받아든 딸들이 어리둥절한가 보다. 이게 뭐냐고 하더니 깔깔깔 웃기 시작했다. 딸들은 어버이날 긴장해야겠다며 너스레를 떠는 표정에 장난기가 가득하다. 밝은 웃음으로 엄마 아빠의 마음을 몽글몽글하게 해준 어린이 같은 두 딸이었다. 초콜릿 무스, 아몬드 봉봉, 레인보우 샤벳트 아이스크림을 골고루 먹는 네 식구의 식탁에는 달콤 새콤 시원한 행복이 같이 있었다.

(　　 4.)

그리움이 밀어낸 것은

거제도에서 택배가 왔다. 어릴 적 남편 친구 손 목사님이 멸치 한 상자를 보낸다고 했다. 그런데 그 모양새가 이상하다. 큰 스티로폼 상자였다. 멸치를 이렇게 많이 보냈단 말인가?

무겁지 않을 거란 생각에 양손으로 상자를 들어 올렸다. 순간 끄응, 소리와 함께 고꾸라졌다. 아이고, 깜짝 놀란 식구들이 허리도 아프면서 왜 그걸 들었냐며 한소리들 하며 우르르 몰려왔다. 허리 상태가 괜찮은 것을 보더니 '택배에 정복 당한 여자'라 놀리며 웃는다.

우리 집 식구들은 가족의 소리에 예민하다. 작은 소리에도 반응이 빠르고, 유쾌한 일이 생길 때면 놀리기도 잘한다. 대화 속 예상을 벗어난 딸들의 한마디가 어리둥절하게 하고 웃음을 자아낸다.

꼼꼼하게 포장된 스티로폼 상자를 열었다. 뜻밖이었다. 택배 상자에는 얼음팩과 함께 손질된 생선 세 묶음, 옥수수 열 자루, 소분된 옥수

수 알 두 봉지, 땡고추라고 쓰인 한 봉지, 완두콩 한 봉지, 슬라이스 된 늙은 호박 한 봉지, 큰 멸치, 작은 멸치, 그리고 쇼핑백에 담아져 있는 누비 가방 하나.

아무 말도 나오지 않았다. 너무 오랜만이다, 이 느낌! 이젠 옛것이 되어버린 부모님 손길 같은 봉지들이 택배 상자에서 튀어나왔다. 부모님의 터전이 아들 집으로 옮겨지면서 어느새 사라져 버려 잊고 살았던 그리운 택배 상자였다.

눈물이 핑 돌았다. 세월이 기력을 가져가기 전까지 자식에게 택배를 보내려고 마당을 분주하게 오가며 동분서주했을 부모 모습이 눈앞에 아른거린다. 보고 싶은 부모님. 사람이 산다는 것은 그리움에 종사하다 그리움에서 퇴직한다고 했던 림태주 작가가 이런 마음이었을까? 걸어왔던 길의 그리움과 걸어가야 하는 길의 그리움이 하루를 만든다.

사모님께 전화를 했다. "집에 있는 사소한 것 보내 드렸어요. 갑자기 생각나서요. 매운 청양고추도 사 드시잖아요." 차분하게 몇 마디 말로 따뜻함을 전하는 사모님이 고마웠다. 요리법을 알지 못했던 슬라이스 늙은 호박은 어떻게 먹어야 하는지 물으니, 밀가루와 설탕 조금 넣고 부침개하면 된다고 한다. 경상도에서 많이 해 먹는 음식이라면서, 참 다정한 목소리이다.

꽃무늬 누비 가방도 예뻤다. 종이가방에 담겨 스티로폼 상자 한 켠에 놓인 누비 가방 포장지엔 작은 쪽지가 있었다.

'사모님, 통영 누비 손가방이에요. 저는 이 사이즈가 새벽예배나 시장 갈 때 사용하기 좋더라고요. (장인이 손수 누빈 가방이에요.) 아이스박스에 넣어 보내 죄송해요. 두 분 다 건강하세요. God bless you.'

손 목사님 부부는 젊은 시절 같은 교회에서 함께 사역을 했고, 지금은 거제도에서 큰 교회 담임 목회를 하고 있다. 사모님과는 가끔 만나기는 했어도 많은 대화를 나눈 사이는 아니었다. 그럼에도 사소함이라 말하며 세밀함으로 다가와 하나님 안에서 친밀한 사랑의 관계 속에 있다고 표현하는 마음이 감사하다. 그 사랑을 온전하게 받을 수 있는 마음이 내 안에 있음에 감사하다.

나무가 우거진 정글은 사람도 동물도 모두 살아갈 수 있지만 사람들이 만든 정글에서는 이기기 위해 서로 죽이는 경우가 허다하다. 함께 사랑하며 살기도 하겠지만 그렇지 못할 때가 많다. 나무가 제자리를 지키며 묵묵히 서 있듯이 사람도 제자리에서 안식을 누리면 좋겠다. 그러나 내 마음 내 생각을 지키기가 쉽지 않다.

나 또한 때때로 남편 친구들의 자립된 사역이 부러워서 힘겨운 정글 안에 마음을 가두며, 스스로 상처를 입힐 때가 있다. 그렇게 비교가 되는 날엔 오늘처럼 정성을 다한 나눔도 기쁘지가 않았다. 택배를 열기 전에 부러움이 먼저 내 생각을 가두었다.

마음을 지키지 못한 날이면 남편이 슬며시 다가와 데이트 신청을 한다. 교회에 가는 길, 둘은 말이 없다. 서로의 마음을 잘 알기에 길 위에 있는 사물에 시선을 두게 한다. 걷기는 뇌 활성화 작용을 하게 하고, 감정의 에너지를 끓어 올릴 수 있다고 한다. 어쩌다 꽃보라 휘날리는 풍경화 속에서 우리 모습이 그림이 되면, 우울한 감정도, 비교도, 욕심도, 멀리 휘날리는 꽃잎 속으로 조금씩 사그라진다.

늘 가던 길이 아닌 다른 길을 선택하며 걷는 이 길, 교회 가는 길은 정글에서 빠져나오는 축복의 길이다. 작은 것에 사랑을 말하고 감사를 말하면서 서로 위로를 받는다. 하나님의 선물은 장소를 가리지 않았고, 그분의 시간에 맞춰 움직이며 마음껏 일어서게 했다.

주일에 거제도 사모가 선물한 누비 가방을 들고 교회에 갔다. 교인들은 예쁘다더니 웃는다. 왜 웃지? 꽃무늬 가방이 내 손에 들려 있어서 웃음을 자아낸 것이다. 그도 그럴 것이 내 손에 가방이 들려 있던 적이 없다. 가방 든 사모 모습이 생소했던 모양이다.

언젠가 한 교인이 물었다. "사모님은 왜 가방을 안 들고 다니세요?" 나는 우스갯소리로 응답하고 싶었다. "걸어 다니는 남편이 가방이어서 필요 없어요." 딱히 틀린 말도 아니었다. 남편 옆에 딱 붙어 있으면 모든 것을 넣어주고 꺼내주었다. 그로 인해 내 두 손은 언제나 자유로웠다.

이젠 습관이 되어 손에 무언가를 들고 있는 것이 어색하다. 오랜 세월 속에 익숙해져 버렸다. 가끔 난감한 일이 일어난다. 급한 일을 처리하다 보면 핸드폰도, 읽고 있던 책도 종종 남편 따라 가 버린다. 그러나 친절한 남편은 빈틈없이 내 물건을 집으로 가져다준다.

요즘 들어 고민이 되긴 한다. 정말 가방이 있어야겠구나 싶다. 세월이 가방에 넣을 물건들을 늘리고 있다. 핸드폰, 돋보기, 인공눈물, 핸드크림도 필요하다. 다행히 약병 자리는 아직 비어 있다. 나이가 들면 챙길 것이 더 없을 줄 알았는데 그것도 아닌가 보다.

며칠 전 남편에게 가방이 필요하다고 했더니, 아직 당신 남편의 가방이 크고 널널하다고 한다. 우리가 가방 하나에 공유할 수 있는 것도 동행하는 삶이어서 그럴 것이다. 함께 걸어가는 이 삶이 좋아 가방 없어도 된다고 고집하는지도 모르겠다.

세월이 흘러 남편이 더 진한 인생을 살게 되면 그때 내가 그의 가방이 되어주면 어떨까? 손에 든 것을 자주 흘리는 내게 맡길지 모르지만 남편의 가방이 되고 싶다.

(5.)

느림의 미학

오랜만에 걸었다. 발목 수술 후 의료보조기 신발을 신고 뒤뚱뒤뚱 교회 가는 길에 슈퍼 앞에 정차된 파란 다마스가 유독 눈에 들어오는 날이었다. 장난감 차가 마술에 걸려 커져버린 듯 파란 다마스는 작고 귀여웠다. 길거리 풍경 한 귀퉁이에 익숙하게 자리잡고 있으면서, 물건을 싣고 떠나는 시간을 참 잘 기다리고 있었다.

아저씨가 슈퍼에서 배달할 물건을 들고 나왔다. 다마스 공간에 힘과 지혜로 테트리스 쌓듯이 차곡차곡 물건을 실었다. 영국 드라마 〈닥터 후〉의 시공간을 초월하는 타임머신 타디스일까?

나도 외쳐야 할 것 같았다. "안이 밖보다 넓어!" 저렇게 조그만 차에 많은 물건들이 줄지어 들어가는 것이 신기할 정도였다. 주문한 물건이 다 실어지고 나니 부웅 소리를 내며 아저씨와 함께 슈퍼 앞을 떠났다. 다마스는 물건을 한참 토해 낸 후에나 이 자리에 다시 돌아올 것이다.

오래 걸을 수 없어서 남편의 팔을 붙잡고 멈춰 있는 시간, 특별하지 않았던 파란 다마스를 눈여겨보는 것을 보면, 걷는다는 것은 참 감사한 일이다. 내 몸과 생각이 기지개를 켜면서 놀라워한다. 우주선에서 신을 법한 아니, 사이보그 신발 같은 커다랗고 둔탁한 신발을 왼발에 신고, 무엇을 보기도 하고 생각을 한다는 것이 행복처럼 느껴진다.

엉뚱한 생각이 많이 드는 날이었다. 두 발에 대인국과 소인국이 함께 있는 것만 같아서 혼자서 피식피식 웃었다. 찌릿한 통증이 걸을 때마다 발목에서 온몸으로 전해졌다. 하지만 마음이 즐거우니 통증마저 살아있는 자만이 누리는 아픔인 것 같았다.

남편은 혹시나 또 넘어질까 봐 나의 작은 흔들림에도 어쩔 줄 몰라했다. 남편의 눈과 몸은 어느 때보다 민첩하게 움직였다. 날마다 오가던 길을 석 달 만에 걸었다. 순식간에 뜻밖의 장소에서 어이없게 다쳤기 때문이다.

아파트 뒤편 공터 화단에 일층 할머니가 심어 놓은 야생화들이 군락을 이루고 있었다. 남편과 나의 소소한 데이트 장소였다. 보라 꽃. 노란 꽃. 분홍 꽃. 작디작은 하얀 꽃. 이름 모를 꽃들이 소박하게 피어서 마음을 훔쳐 갔다.

우린 야생화 꽃 이름을 굳이 알려고 하진 않았고, 그날의 느낌따라 꽃 이름을 불렀다. 꽃들에게 날마다 새로운 이름이 지어졌다. 지금 생각해 보니 야생화마다 고유한 이름도 다정하게 불러줬으면 더 좋았겠다 싶다.

할머니가 야생화를 새로 심으셨고, 키 작은 야생화 꽃이 여기저기 숨어서 피어나고 있었다. 예쁜 야생화 꽃을 더 자세히 보기 위해 발걸음을 뗀 순간 슬랩스틱 코미디 장면이 벌어졌다. 내 발은 길가에 동그란 막대기 위에 얹어지면서 조금씩 가랑이가 벌어지는가 싶더니 한순간에 갑자기 쭉 미끄러졌다.

멈출 수가 없었다. 남편에게 손잡아 달라고 내밀었지만 이미 늦었다. 당황하는 남편의 손과 눈, 내 눈으로 스치더니 그대로 땅바닥으로 내동댕이쳐졌다. 정말 작은 움직임이었는데 인대가 늘어나고 복사뼈가 조각나서 수술을 해야 할 만큼 다쳤다. 벌써 5년이나 지난 일이다.

어떻게 그렇게 쉽게 복사뼈가 조각날 수 있는지, 지금 생각해도 허무하다. 대학병원에서 수술을 하고 닷새 만에 퇴원했다. 수술한 다리는 통증과 저릿함이 심했고 허리까지 아파왔다. 심장보다 높게 다리를 올리고 있을 때는 참을 만했으나, 병원에 가려고 일어설 때 수술 부위로 피가 쏠리는 것 같은 통증은 견디기 어려웠다. 서 있는 것이 무서울 정도로 아팠다.

한번은 병원에 가려다 계단에서 또 넘어질 뻔했다. 다행히 남편이 잡아줘서 위기를 넘겼다. 엘리베이터가 없는 저층 아파트 계단은 생각

보다 걷기가 어려웠고, 몸이 많이 약해져 있던 내 체력도 문제였다. 그 일이 있은 후로 약국에 근무하는 집사님이 소독약품을 챙겨 와서 집에서 처치하며 지낼 수 있었다.

내가 알고 느끼는 데까지 그 사람이고, 그 사람의 숨결이 닿는 데까지 그 사람이라는 말이 있다. 그 사람들이 마음을 나누었다. 병원비 하라며 어릴 적 친구가 보내준 백만 원의 우정, 부위별 소고기를 사 들고 집에서 구워 줬던 시골교회 친구들, 퇴근길에 찾아와서 국을 끓이고 반찬을 만들어준 집사님, 집에서 밑반찬을 만들어서 밥을 차려주고, 면역력에 좋다며 백년초 진액을 가득 담아 교회로 가져오기도 했다.

정말 많은 이들이 소식을 듣고 관심과 사랑을 베풀었다. 석 달의 치료 기간 동안 우리 가정을 챙겼고, 그 사랑은 사모의 삶을 값지게 만들었다.

파란 다마스는 하루의 끝자락에서 내일을 위해 오늘의 흔적을 말끔하게 정리한다고 한다. 하루에도 수십 번 반복하며 자신의 공간을 비웠다 채웠다 하지만, 하루의 짐을 내일로 가져가진 않는다. 늘 그 자리에 있어 어제와 같은 듯해도 오늘 하루만 담고 달린다.

우리의 일상도 하나님의 손길에서 비워지고 채워지며 하루의 삶을 정리해야 하지 않을까? 매일매일 하루는 언제나 다른 하루이기에 처음인 듯 시작하면서 말이다.

사람은 행복할 때 고난을 이길 방법을 알지 못한다. 고난의 자리에 있을 때 비로소 자신의 모습을 알아차린다. 이 길을 걸어가는 동안 행복할 때도, 고난 앞에 있을 때도 하나님의 사람으로 하나님을 향한 믿음의 표현이 감사였으면 한다.

두 발로 똑바로 내딛고 온전하게 숨 쉬고 마음을 나눈 사람들이 있어 행복하다. 이만하면 가득 채워진 삶이 아닐까? 이 세상에서 사랑받고 있다는 것을 알고 있음이 너무나 감사한 날. 이 마음이 행복이다.

(6.)
말랑말랑해지려면

"여보, 곧바로 와야 해. 딴 데 한 눈 팔지 말고."

남편이 보고 싶다며 하트 이모티콘을 왕창 보내서 어쩔 수 없이 간식 챙겨서 집에서 나온다. 에어프라이에 고구마를 삶아 종이 가방에 담고 온화한 가을 날씨를 느끼며 교회로 가는 길, 통통한 길고양이를 만났다.

턱시도 고양이 녀석이 인간의 고단함이 묻어 있는 딱딱한 길을, 달콤한 젤리 쿠션처럼 통통 튕기며 폭신하게 걸어가고 있었다. 어느새 거리를 두고 따라가는 내 발걸음, 10분이면 도착할 교회 가는 길이 무한대로 늘어나 버리고 말았다.

상처와 배고픔의 길냥이가 아닌 단정하게 윤기 나는 길냥이라서 더 사랑스럽다. 고양이와 눈인사를 하며 하염없이 시간을 보내는데 누군가가 옆으로 스윽 왔다.

"네 놈이 내가 보낸 이모티콘 하트를 마눌님에게서 빼앗아가 버린 놈이냐?"

가만히 앉아 있던 턱시도 고양이의 두 귀가 이리저리 움직인다. 잠시 행복한 시간이 고양이 솜털 속에 숨어들어 바람과 함께 흘러 가버렸나 보다.

"여보, 고양이가 예뻐서 정신이 팔려 버렸네."

"아! 그랬어? 요 님 참 이쁘지?"

"당신도 턱시도 고양이 본 적 있구나?"

"교회 출근길에 가끔 마주치며 눈인사했던 녀석이야."

남편은 표현을 잘하고 감정이 풍부하다. 슬퍼서 울고 있으면 어느새 남편 눈에도 눈물이 고인다. 어떤 이는 공명이라고 표현했다. 남의 고통이 갖는 진동수에 가까이 갈수록 점점 더 커지는 공명. 그래서 함께 슬퍼할 줄 알면 희망이 있다고 한다.

정말 남편은 그런 사람이다. 오늘처럼 살며시 다가와 건네는 배려와 사랑은, 사역이 힘에 부칠 때 일어설 수 있는 원동력으로 작용한다. 사랑이 숨바꼭질하지 않고 늘 앞에 있음이 감사하다.

우리 둘은 다소 급한 성격이다. 의견이 맞지 않으면 굵기가 다른 빗줄기가 휘몰아치듯 가슴으로 쏟아진다. 가늘게 내리는 이슬비와 굵게 내리는 장대비가, 누구의 가슴을 향해 쏟아질지 알 수 없다.

우물을 팔 때 석 자 깊이로 땅을 파면 촉촉한 기운이, 여섯 자를 파면 탁한 물이, 아홉 자까지 파면 맑은 물이 나온다고 한다. 문득 우리 부부 싸움이 생각난다. 처음 우리 부부의 싸움은 서로 생각이 다르다며 감정에 촉촉한 기운이 스며드는 정도에서 시작한다. 석 자 깊이 만큼이다.

그러다가 많은 말들이 오가면서 감정이 조금씩 상해지고, 감정에 휘말려 마음이 요동치면 말의 의미를 생각할 겨를이 없다. 석 자에서 여섯 자까지 파는 과정이다. 지혜롭지 못하면 탁한 물이 고여 흐릿한 시야로 기약할 수 없는 장대비를 맞고 서 있을 수밖에 없다.

한 번은 과거까지 들먹이며 싸우다가 서로 감정을 주체 못해 하루를 넘긴 적이 있다. 시간이 지날수록 더 많은 불신을 집어넣었다. 생각이 불러들인 여러 이유는 사실이 되어 부부 사이의 말문을 닫아버리게 만들었고, 화해하기 어려워지면서 사흘이 지나도록 말하지 않았다. 지금까지 깨지지 않은 부부 싸움 최장 기록이다.

수요예배가 싸움의 종료를 알렸다. 예배드리기 위해 어쩔 수 없이 화해를 해야 했다. 물꼬를 트기 위해 서로 눈치를 봤다. 그러다 웃고 말았다. 묘한 기운이 우리 곁에 있음에 웃음이 나왔다. 누가 먼저랄 것도 없이 잘못을 인정하고 화해했다. 하루를 넘기지 말자는 규칙이 정해진 날이다.

부부가 함께 살아가는 삶 속에 마음속 지하실이 없을 리 없다. 그 속에 들어 있는 감정의 우울은 부부 싸움할 땐 함부로 끄집어내지 말아야 함을 다시 한 번 느꼈다. 마음속 지하실에 있던 감정은 서로 위로하는 마음이 충분할 때 살짝 꺼낸다. 공감을 통해 길을 터주고 흘러가야 하기 때문이다.

카모마일 차 한 잔의 향기로운 여유는 마음속 지하실에게 신선한 공기다. 서로의 마음을 보며 깨끗하게 순환 되도록 도움을 준다. 우리 부부는 싸움을 할 때 끝까지 우물을 판다. 절대 흙탕물에서 멈추지 않는다. 여섯 자에서 아홉 자까지 가는 석자의 길엔 분명 상대방을 이해하려는 노력이 있어야 하고 역지사지가 많이 필요한 시점이다.

감정적인 상태에서 벗어나야 하는 길 위에는 인내의 긴 호흡 또한 필요하다. 깊게 들이마시고 깊게 내쉴 때 의외로 빠르게 맑은 물을 만날 때도 있었다. 흙투성이의 모습에서 벗어나 맑은 물에 비치는 서로를 보며 같이 웃는다. 일상에서 대화가 많으면 더 쉽게 다가오는 선물이었다.

서로의 다름을 이해하는 것도, 곳곳에 숨겨 놓은 너그러움도 함께 왔다. 믿음과 신뢰가 충분히 쌓여 싸움의 과정에서도 진실을 보게 했다. 말랑말랑해질 수 있었다. 길에서 우연히 만난 길냥이를 보며 웃을 수 있고 작은 배려에서 큰 감사를 느낄 수 있다.

오랫동안 작은 교회 사역을 하다보면 물질과의 싸움은 큰 비중을 차지한다. 인간의 삶은 누구나 똑같기에 목회자라고 해서 물질에서 자유로울 수 없다. 단지 심령이 가난한 자이기를 간구하고, 믿음을 지키며 살아갈 뿐이다.

그렇기에 부부가 아픔을 마주 보지 않으면 절대 위로받지 못하고 마음이 하나가 될 수 없다. 같은 신앙을 가지고 함께 바라보고 함께 걸어가는 공유하는 삶은 부부의 노력이 절대적으로 필요하다.

부부가 건강해야 가정도 믿음생활도 건강하다. 그냥 있어볼 길밖에 없는 내 곁에 말없이 있는 게 고맙다는 어느 시인의 말이 가슴으로 느껴진다면, 지금 잘 살고 있다고 말해 주고 싶다.

(7.)

묵혀둔 사랑

남편의 마음이 책장 깊숙이 숨어 있다가 펼쳐지는 날이 있다. 내 앞에서 특유의 눈웃음을 지으며 특별한 날로 만들어 주지 못해서 미안하다며 교회로 출근하는 남편. 하지만 나는 알고 있다. 그리 서두른다는 것은 나를 피한 비상금이 남편의 손에서 세상 밖 꽃집으로 향한다는 것을.

한동안 보랏빛 수국에 흠뻑 빠져 있을 때, 탐스러운 수국 두 송이를 예쁜 포장지에 담아서 내밀었다. 프리지어 향기가 그리울 땐 조그마한 프리지어 꽃다발을 신문지에 돌돌 말아 무심한 듯 건넸다.

우리 남편의 꽃다발 속에는 깊은 비밀이 숨어 있다. 생일 선물을 받은 친구가 사진 한 장을 보낸 적이 있다. 오만 원 권 지폐로 장미꽃을 감싼 꽃바구니였다. 며칠 전 생일에 남편에게 받은 거라며 친구가 행복하다고 했다. 축하한다고 했지만 진심을 다하진 못했다.

그때 나는 사모로서 어려운 시기를 견디고 있었다. 아침에 눈뜨면 오늘 내야 하는 세금과 월세를 놓치지 않으려고 계산해야 했던 나날이었다. 통장 잔고는 텅텅 비어서 하루를 잘 살아가는 것조차 버거운 인생이었다.

친구의 카톡 사진을 뚫어지게 쳐다봤다. 남편에게 꽃 선물을 받은 게 언제쯤이었나? 기억조차 가물가물했다. 친구의 행복한 기쁨이 내겐 슬픔이 되어 전해지고 있었다.

"여보, 생일 축하해."

생일날 아침이었다. 친구의 생일 선물을 본 다음날이라 그런지 마음이 썩 기쁘지 않았다. 인상이 좋아 보이지 않았는지, 남편은 더 들뜬 목소리로 우리 집 아침을 깨웠다. 형편은 달라진 것이 없었고, 늘 그랬듯이 축하해 주는 마음만 있었다.

남편이 출근하고 아이들이 학교에 가자, 무기력함 속에 시간도 멈춰 버린 것만 같았다. 가족들이 어지럽힌 흔적을 정리하는 시간이 쓸쓸하기만 했다. 남편은 몰랐다. 기념일에 대한 나의 마음을 전혀 알아차리지 못했다.

결혼과 동시에 궁핍함이 왔기에 무신경한 척하면서 마음을 감췄다. 오롯이 하나님께 이야기하는 세월이 됐다. 여느 날과 같은 날이 아닌, 특별한 날이었지만 남편은 내게 선물할 여유가 없었다. 포기할 수

밖에 없는 삶이었다.

저녁에 생일 밥을 먹기 위해 가족이 모였다. 식탁에 조그만 케이크 상자가 올려졌고, 두 딸과 함께 동그란 눈으로 한 남자의 손을 쳐다봤다. 그런데 이게 무슨 일인가! 케이크가 한쪽으로 쏠려 찌그러져 볼품없이 흩어져 있었다.

깜짝 놀란 남편이 당황하며 설명을 했다. 운전을 하던 중에 갑작스럽게 끼어 든 차가 있어서 급브레이크를 밟았다고 한다. 그때 케이크 상자가 의자에서 밀렸는데, 이렇게 찌그러져 있을 줄 몰랐다고 했다.

나는 울음을 터뜨리고 말았다. 남편의 마음을 알았지만 쏟아지는 눈물을 참을 수 없었다. 볼품없이 찌그러져 있는 케이크가 나인 것만 같았고 내 삶처럼 느껴졌다. 어쩌면 케이크를 핑계 삼아 울었는지도 모르겠다.

꽃다발을 받고 싶었던 마음을 삼키며 괜찮다고 했다. 가족과 함께하는 시간이 감사한 거라며 마음을 다잡았는데 우르르 무너져 봇물처럼 터져 버렸다. 조금씩 쌓여 갔던 서운한 감정들이 눈물과 함께 남편에게 향했다. 그날 가족은 함께 울었다.

얼음을 나르는 사람들은 얼음의 온도를 잊고, 대장장이는 불의 온도를 잊는다고 한다. 사랑하는 이에게 빠지는 일은 천년을 거듭해도 온도를 잊는 일이란다. 몰입이었다. 눈과 마음과 생각이 사랑하는 이에게 깊이 빠져서 사랑과 함께 인생을 걷는 일.

언제부턴가 불안전한 사역 위에서 서로의 마음을 등한시했다. 형편이라 말했기에 순응하기 바빴고, 생각조차 하지 않으려는 당연한 일이 돼 버렸다. 다시 몰입하는 과정이 필요했다. 타인과 비교하면서 흔들리는 마음을 붙잡을 수 있는 것은 몰입하는 사랑밖에 없었다.

어쩌면 한번쯤 울어야 할 시간이었나 보다. 그날의 생일은 눈물만 남았지만 가족의 삶에 변화가 일어나는 계기가 되었다. 남편의 발길이 꽃집을 향한 것은 그 이듬해부터였다. 남편은 긴 시간 동전을 모아 천 원짜리로 바꾸고, 천 원짜리를 모아 오천 원짜리로 바꾸어 자신의 비밀 공간에 저금하기 시작했다.

교회 앞 슈퍼 아줌마가 공범이자 목격자로 포섭되었다. 동전이 지폐로 바뀌는 날이면 사모님이 그리 좋으시냐며 목사님을 의미심장한 웃음으로 대하던 슈퍼 아줌마. 그렇게 많은 동전들이 남편의 사랑과 정성이 되어 꽃으로 내게 전해졌다.

꽃다발의 의미는 내 마음속에서 이미 깊이 뿌리내렸다. '당신이 옆에 있는 것만으로도 충분해.'라고 말하고 있었다. 이 시간에도 남편의 천 원짜리 오천 원짜리 비상금은 꽃집에서 꽃향기를 맡고 있으려나.

작은 먼지마저 잠에서 깨어날 정도로 현관문을 노크하는 남편, 현관문이 열리면 빨간 장미꽃 한 송이를 내밀며 환한 미소를 덤으로 건네는 남편은 나의 말에 귀 기울이며 어려움 속에서도 선물할 방법을 찾았다.

해마다 남편의 묵혀둔 사랑은 내게로 와서 표현하고 있었고, 숨기고 싶지 않은 행복이 되었다. 오늘도 남편의 비상금을 위해 보아스가 룻을 위해 이삭을 흘려준 것처럼 천천히 흘린다. 아는 듯 모르는 듯 그렇게 서로를 위해 채워 간다. 남편의 사랑이 커서 하늘을 향해 외칠 수밖에 없다.

"하나님, 감사합니다. 이렇게 좋은 사람을 보내주셔서."

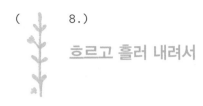

(8.)

흐르고 흘러 내려서

시골에서 태어나 시골에서 자란 부모의 세상은 그리 넓지 않았다. 멀리 떠나야 제주도였고, 모처럼 함께했던 여수 오동도가 전부였다. 자식들은 선물 같은 해외여행을 계획했으나 차일피일 미뤄졌다.

그러다가 그만 상실의 시대가 펼쳐지고 부모의 존재감은 조금씩 작아졌다. 육신의 아픔을 온몸으로 겪으시더니 그 자리에 주저앉고 말았다. 뒤돌아봤을 때는 이미 부모와의 해외여행은 슬픈 꿈이었고, 부모에게는 마음 놓고 움직일 수 있는 세상은 아주 좁아졌다.

언니들이 아버지를 모시고 설악산을 찾았을 때도 지팡이 짚은 아버지 다리는 휘청휘청했지만 눈이 즐겁고 입가에 미소가 번졌다고 한다. 아흔다섯의 아버지는 생의 마지막일지도 모를 추억을 인생 안으로 넣고 있었다.

한평생 농부였던 삶은 가슴이 탁 트이는 설악의 아름다운 풍경 앞에 바람 따라 들어왔다. 아버지의 평생 벗이었던 자연은 멀어졌고, 이제 아버지의 세상은 오빠 집이 되었다. 치매와 고관절을 다친 엄마의 세상은 요양원이었다. 노부부가 함께 거닐던 마당은 기억 속으로 사라졌다.

오늘은 엄마가 있는 요양원에 가는 날이다. 오월의 따사로운 해그림자 사이로 아버지가 들어왔다. 하얀 중절모에 연하늘색 웃옷차림의 아버지는 한 손에 지팡이, 한 손엔 종이 가방을 들고 있었다. 아파트 출입문에 있던 딸을 향한 아버지의 발걸음은 무거웠고, 땅을 치는 지팡이는 손 안에서 가늘게 흔들렸다.

얼른 아버지에게 달려가 부축했다. 자식이 그리웠던 아버지를 한 팔로 깊이 안아드리자, 차를 향해 걷는 아버지의 몸짓이 한결 가벼워 보였다. 일시적으로 면회가 허락되어 정말 오랜만에 엄마를 만나러 가는 길이었다.

"이가 없어서 잇몸으로 먹을 수 있으려나 모르겠다. 좋아했던 과잔디. 고향에서 함께 살았으면 좋았을 텐디, 왜 병이 들어갖고."

아버지가 건넨 종이 가방에는 버터링쿠키가 들어 있었고, 회한이 서려 있는 아버지의 목소리에 코끝이 찡했다. 육신의 연약함 탓에 어쩔 수 없이 받아들인 도시의 삶이어서 아버지의 말씀이 마냥 슬프게 들렸다. 들판을 휘젓던 아버지의 발걸음이었는데 집안 울타리에서만 어떻게 살아가시는지 모르겠다.

엄마와의 짧은 면회 후에 점심 식사를 하면서, 아버지는 얼마 전에 다녀온 시골집 이야기를 들려주셨다. "저기 논에는 거름을 여덟 포대 가져다 놨고, 배나무엔 배가 두 개 열렸고, 매실나무는 잔가지를 쳐야 하는데…" 그러다가 말끝을 흐렸다.

아직도 고향을 못 버리고 있었다. 그리곤 한마디 무심하게 덧붙인다. "고향에 갔더니 갑장들이 모두 죽고 나만 살았당께. 시골이 휑하고 예전 같지 않어." 친구들의 죽음에 삶의 끝자락을 강하게 느낀 아버지는 이미 죽음 가까이에서 살고 있었다.

침대로 이동하는 엄마의 모습을 보며 "또 보세."라고 하시지만 힘없는 아버지의 말투에는 기약할 수 없는 내일이 숨어 있었다.

그럼에도 아버지의 하루는 홀로 강했다. 지금도 새벽예배 시간이면 일어나 집에서 기도를 한다. 자식들의 이름을 일일이 부르며 간절한 소망을 하나님께 아뢴다. 믿음과 두려움이 날마다 교차하는 삶이겠지만 아버지에게 천국의 소망은 큰 힘이다.

어제 카톡 동영상에는 방긋방긋 웃는 증손자를 유모차에 태운 아버지의 모습이 보였다. 사랑이 지팡이가 되어 유모차를 밀어주고 있었다. 아버지의 새로운 세상에 아들이 있고, 증손자가 있어 행복과 웃음을 주고 있었다.

나무는 나이테로 말한다. 세월의 결핍과 충만, 고통과 기쁨, 일과 휴식. 인간의 역사를 해독하는 기록이기도 하다. 나무껍질 밑에서 새로운 세대가 태어나면 늙음은 안쪽으로 고이고, 물기가 닿지 않아 무기물로 변하여 무위가 된다. 무위는 나무의 성장에 간여하진 않고, 나무는 곧게 하늘을 향해 뻗지 않으면 죽는다. 젊음과 늙음이 끝없이 생성되고 존재하면서 나무는 각각 역할을 감당하며 살아간다. 이는 김훈의『자전거 여행』에 있는 내용이다.

부모의 젊음이 자양분이 되어 자식이 자란다. 고목이 되어 가며 무위가 될 부모의 늙음은 안쪽이어야 하지만, 밖으로 밀려 외로운 삶으로 사라져 버리는 경우가 허다하다. 무기물이 돼 버린 부모의 늙음은, 자식이 감싸주지 않으면 쇠퇴하고, 때로는 생명을 연장할 수 없는데도 말이다.

부모의 세월 앞에, 힘없이 주저앉은 부모에게 곁을 내어 준 오빠 가정이 고맙고 고맙다. 아버지의 삶이 고요하고 잔잔하게 더 깊게 채워지길 기도한다. 나는 오늘도 아버지의 인생을 노래하고 싶다.

익어 가는 세월이 몸을 빨갛게 물들이며 말한다.

"농익은 가을이 왔으니 너는 떨어져야 해."

말끝에 나뭇가지에 붙어 있던 손을 툭 놓아 버렸다. 흩날리고 흩날려 어느 물가에 떨어진 단풍 배가 되길 원했지만 너무 늦었나! 깨진 물 항아리 속에 주저앉고 만다. 생명의 푸릇함으로 휘날리며 세상에 존재했고, 하루 또 하루 변해 가는 몸을 돌보지 못하고, 비바람 빗줄기를 유연하게 넘기며 살았다. 깨진 항아리 속에 체념하며 누워 있는 단풍잎 하나, 뜻밖의 평온이다.

물의 흔들림이 하늘 한 부분을 불러 항아리 속으로 들어왔다. 하늘과 하늘 사이에 머문 단풍잎은 포근한 요람 안에서 살며시 흔들렸다. 한곳에 머문 거친 삶이 허무하다며 멀리 가고팠던 단풍잎. 고요하게 일렁이는 깨진 물 항아리 속에서 절정의 빛을 뿜어낸다.
"아! 나는 하늘 위에서 세상을 담고 있구나. 보드랍게 스며들며 흘러가야지!"
단풍잎은 짧은 계절의 빛나던 자신을 사랑하게 되었다. 가을이 밀어내도 서운하지 않다. 깨진 항아리 속은 단풍잎의 마지막 세상이다.

CHAPTER 3

비움의 연쇄 작용

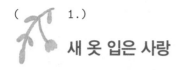

(1.)

새 옷 입은 사랑

오래 전, 새 차를 구입하고 시승식을 한다면서 아이들에게 보여주던 날이 생각난다. 허름한 차가 새 차로 변해 있다며 눈이 휘둥그레진 아이에게 질문을 했다.

"딸, 차가 왜 이렇게 변해 있을까? 어제까진 찌그러지고 소리도 요란했는데."

"하나님이 다녀가셨나 봐."

"하나님이 다녀가시면 헌 차가 새 차 되는 거야?"

한참을 생각하며 물끄러미 바라보던 딸은, 갑자기 지나가는 자동차에게 눈을 돌리는가 싶더니 돌연 질문을 했다.

"엄마, 저 차는 어디를 향해 가는 거야?"

"어떤 차는 집으로, 어떤 차는 사람을 만나러, 또 어떤 차는 교회에 가겠지?"

조그만 아이는 몸이 앞으로 넘어질 정도로, 지나가는 차들이 사라질 때까지 처다보았다.

"엄마, 하나님이 헌 옷 입은 차는 새 주인에게 주고, 새 옷 입은 차는 우리 집이 자기 집인 줄 알았나 봐."

"아, 그런데 딸! 헌 옷 입은 차를 새 주인이 좋아할까?"

"우리 집에 왔을 때 우리도 좋아했으니까, 헌 옷 입은 차를 좋아할 거야."

다섯 살 딸아이의 맑은 눈으로 바라보는 세상은 그랬다. 그 마음이 깨끗하고 예뻐서, 불투명한 어른의 마음을 잠시 내려놓을 수 있었다. 헌 옷 입은 차 그레이스 12인승. 우리에게 개척을 시작하게 하신 하나님 응답의 차였다. 이 차를 타고 2001년 겨울과 그 다음해 봄을 보내며 개척 장소를 알아보러 다녔다.

남편은 기도로 만난 사람이다. 큰 안경, 마른 체형에 작은 키. 봄, 여름, 가을엔 펑퍼짐한 카키색 더블 재킷, 겨울엔 몸에 꼭 맞는 회색빛 양복. 전담 전도사였던 남편의 옷차림이었다. 계절이 몇 번 바뀌어도 늘 한결같은 모습이었기에 집안 형편이 어렵다는 것을 한눈에 짐작할 수 있었다.

남편의 집은 부모의 생계를 큰아들이 책임지고 있었다. 책 사기를

좋아했던 남편은 가족의 생활과 책을 구입하는데 힘을 쏟았던 거 같다. 우연히 들렀던 남편 방에는 다양한 책들이 책꽂이를 벗어나 천장을 향하고 있었다. 보후밀 흐라발(Bohumil Hrabal)의 소설『너무 시끄러운 고독』주인공 한탸의 방을 연상할 정도였다.

잘 웃었지만 까칠했던 남편이었다. 작은 일에 불쑥 언성을 높이며 청년들과 부딪침도 많았었다. 사역자의 길도, 흔히 말하는 달란트도 남편의 모습에선 보이지 않았다.

어느 한 날, 눈을 통해 나의 귀가 남편을 향해 기울여져 감을 알았을 때 감사했다. 선교유치원 차량운행을 도와주기에 서로 기도하면서 필요한 것을 채워주고 있다고 생각했을 뿐이었다. 그 마음인 줄 알았다. 나의 빈자리를 공격받기 전까지는 그랬다.

사무실을 지나 유치원으로 올라가던 계단에 장난스럽게 서 있던 남자가 갑자기 보이지 않았다. 사역을 그만두고 눈앞에서 사라져 버렸다. 다시 만날 수도 없고 다시 볼 수 없는 사람인 건가? 뜻밖에 이런 생각이 스쳤다.

청춘의 한때, 수많은 실랑이들과 곁눈질로 은근하게 포장했던 시간이 풀어헤쳐지며 허물어졌다. 더 이상 하나님께 묻지 않아도 되는 자유가 온 듯한데 그 남자의 찐한 향수를, 얄궂게 웃던 미소를, 짓궂은 장난을 그리워하고 있었다.

그렇게 허물어진 청춘의 시간이 밀려오더니 슬픔이라 표현하고 사랑이라 말했다. 그때서야 알았다. 1년 6개월 동안 기도를 하게 하신 하나님의 방법이 '마음에 심기'였다는 것을. 유치원 일을 함께하며 미안하고 고마워서 시작했던 기도는, 하나님의 시선 속에 머물며 힘을 얻었다. 한 남자의 사역을 위해 깊이 기도하는 한 여자가 돼 있었다.

"전도사님, 나를 붙잡으세요."

"전도사님, 제가 사역에 큰 힘이 될 겁니다."

사역지도 없고 목회의 길을 방황하며 부모님 댁에서 겨울을 지내고 있던 그에게 한 말이었다. 수많은 부딪침과 생각 속에서 변하고 변하여 다가선 용기는 기도하는 나를 쓰다듬으셨을 하나님이 함께 하셔서 가능했다. 남편에게 먼저 다가서야 한다는 마음을 주셨고, 기도를 통해 더욱 이끌어 가셨다.

1996년에 남편과 결혼을 했다. 결혼은 원장으로 있었던 선교유치원도, 찬양단 리더의 직분도 모두 내려놓게 했다. 설상가상으로 가난이 함께 왔다. 유치원장을 그만둔 후 몇몇 학부모들의 부탁으로 공부방을 시작했는데 그 일이 가정의 수입원이었다.

결혼 후에 남편의 사역지가 정해졌지만 회기 중이라는 이유로 무보수 조건이었다. 임신한 상태에서도 지체 장애가 있던 두 아이와, 유·초등학생들의 과외를 계속해야 했다. 공부방을 위해 준비했던 반지하

방은 신혼집이 되었고, 결혼은 오직 남편만 선물했다.

그럼에도 하나님이 맺어주신 사랑에는 참 이상한 힘이 있었다. 고통과 사랑이 팽팽하게 양각을 이루는 날이 찾아오면 사랑이 고통의 그릇을 채워 버렸다. 고통의 그릇을 향해 사랑은 늘 기울어졌다.

옆집에서 생활비를 빌리는 삶을 살았고 첫째 아이가 유산될 뻔한 위기가 몇 번이나 있었다. 지금도 계란국을 잘 끓이지 않는다. 계란국을 보면 딸아이의 밥그릇이 생각나기 때문이다. 딸아이가 밥을 먹기 시작하면서부터 밥상에 매일 자리잡았던 계란국은 삶 속에 녹아 있는 가난의 상징이었다.

그 세월은 녹록치 않다. 물질도, 환경도, 미래도 너무도 불투명한 시절이었다. 그럼에도 나는 주어진 환경에 빨리 순응하려 했다. 이 마음 또한 하나님이 주신 은혜였으리라. 하나님은 남편을 사랑하는 마음을 깊이 심으셨고, 방황의 모습 안에 숨어 있는 진실된 믿음을 붙잡으며 기도할 수 있게 하셨다. 남편의 순전한 믿음은 세상의 허물과 부족함을 덮었다. 끝까지 사랑하며 격려하며 함께 하나님 앞에서 다듬어져 가는 시간으로 만들어 줬다.

"그런즉 믿음, 소망, 사랑, 이 세 가지는 항상 있을 것인데 그 중의 제
일은 사랑이라" _ 고전 13:13

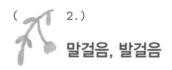

(2.)
말걸음, 발걸음

안산 반지하방에서 시작된 신혼, 그리고 4년을 더 살았다. 서울 마포구에 있는 교회에서 전담 전도사로 사역을 하던 남편의 하루는 깊은 수면을 취해야 할 새벽에 시작되었다. 졸리는 눈을 부릅뜨며 교회 봉고차를 타고 매일 새벽 3시 30분에 안산에서 일산으로 향했다.

새벽예배를 본 교회에서 드리기 원했던 한 성도가 새벽마다 남편을 기다렸다. 예배가 끝나면 또 다시 일산으로 차량운행을 했다. 신학대학원 4차 학기 공부 중이기도 했던 남편. 수면을 취할 밤의 시간은 짧았고 새벽 시간은 빛의 속도로 빨리 왔다.

어느 날부턴가 남편의 몸이 저항하기 시작했다. 하루에 서너 시간도 잠을 자지 못해 누적된 피로가 구내염을 유발했고, 혀까지 흐물흐물해지는 고통을 비일비재하게 겪어야 했다. 업친 데 덮친 격으로 일년에 100일은 집에 들어오지 못했다.

봄, 가을에 있는 특별 새벽기도 기간에는 지하 본당에 있는 눅눅한 유아실에서 잠을 자야 했다. 서울 마포구 근처에 집을 얻을 형편이 아니었던 신혼의 남편은 그렇게 사역의 고통을 온몸으로 감당하면서 성실하게 이끌고 나가고 있었다.

특별 새벽기도 기간의 토요일 오후에는 일주일의 삶이 꾸깃거리는 때 묻은 와이셔츠 여섯 벌과 함께 집으로 왔다. 따뜻한 점심을 먹고 차 한 잔을 마시며 일주일을 이야기하고 싶었지만 우리에겐 그나마 여유가 주어지지 않았다.

다가올 남편의 일주일을 준비하기 위해 서둘러 와이셔츠를 빨아야 했고, 포근한 잠자리에 누운 남편은 순식간에 깊이 잠들어 버렸다. 곤히 잠든 남편의 배와 손을 만지면서 딸과 함께 웃었다.

행복은 함께일 때 잠깐이나마 봄꽃처럼 피어나곤 했지만, 짙은 향기로 발화하진 못했다. 새벽 3시 30분, 잘 다려진 와이셔츠 여섯 벌을 차 안에 걸어 놓고 나면 남편은 시동을 걸었다. 잠자는 딸아이 얼굴에 입맞춤을 하고 피곤하고 슬픈 눈으로 장난꾸러기처럼 다녀오겠다며 떠났다.

어느새 마냥 길 위에 서 있는 남편이 보였다. 한 집안의 가장으로서 책임감만 남고 사역의 기쁨은 사라진 지 오래였다. 하지만 남편은 그 교회 사역을 마쳐야 했다. 삶이 두려웠기에 하나님의 마음이라고 믿었던 우리는 쉽게 결정하지 못하고 안간힘을 쓰고 있었다.

특별 새벽기도 기간이 끝나기 무섭게 또 다시 부교역자들의 3일 금식기도 일정이 잡혔다. 구내염의 극심한 고통으로 잘 먹지도 못하고 편안한 잠을 자지 못하던 남편은 결국 쓰러지고 말았다.

오산리 금식기도원에서 부목사님의 차에 실려 새벽에 집으로 왔다. 구내염 통증으로 말을 제대로 하지도 못한 남편은 빈속에 해열제를 먹고 그대로 곯아떨어졌다.

두 시간 정도 잠이 들었을까? 세 시였다. 몸의 습관이 곤한 잠을 자던 남편을 일으켜 세워 버렸다. 갑자기 놀란 듯이 일어나 앉아 있던 남편은 멍한 얼굴로 나를 쳐다보더니 무언가 생각났는지 안도의 숨을 내쉬고 다시 누웠다. 정말 오랜만에 잠들어 있던 남편의 아침은 길었다.

병원에서 의사는 입안 전체에 퍼져 있는 구내염과 편도가 심하게 부어 있기에 열이 날 거라면서 충분한 잠을 통한 휴식을 취하라고 했다. 불그스레한 남편의 얼굴은 지쳐보였고, 찌든 고통이 온몸을 감싸고 있었다.

"여보, 내가 먹여 살릴 테니까 사역 그만두고 조금 쉬어. 그럴 자격 있어!"

나는 울면서 말했다. 어떤 사역지든지 목회자가 사임할 때는 그럴 만한 이유가 있고, 교회도 사임한 당사자도 마찬가지일 것이다. 나름의 상처와 아픔이 있더라도 들춰내고 싶진 않다. 다 지나간 일이기에.

사역을 그만둔 남편은 풍선처럼 부풀었던 얼굴이 차츰 가라앉더니 잘생긴 내 남편으로 돌아왔다. 딸들은 아빠 무릎에서 떠나지 않았고, 다리가 찌릿거리는 데도 참고 있는 개구진 남편 얼굴은 여유마저 느껴졌다. 하지만 하룻밤 사이에도 겨울은 올 수 있다고 하듯이 삶이 우리의 현실을 갈수록 어렵게 했다. 불안과 두려움을 이기는 믿음의 지혜만이 절실했고 마음을 단단히 먹어야 했다.

쉼을 허락하신 하나님, 믿음의 크고 작음에 상관없이 우리를 돌보셨다. 한 달만 푹 쉬면서 잠자고 싶다던 남편의 기도는 응답되었다. 사임한 교회의 성도들의 손길이 우리에게 닿았다. 하나님은 남편에게 삶의 염려가 없는 평안한 잠을 선물하셨다. 곤한 잠을 잘 자고 일어난 남편에겐 사역지가 기다리고 있었다.

학교 후배 채교진 목사님이 교회를 소개시켜 주었다. 사역지를 정하지 못할까 봐 조바심이 생기던 남편은 채 목사님의 전화를 받고 기쁨을 감추지 못했다. 사택이 제공된다고 했다. 5년 동안 마포구 교회에서 사역할 때, 교회 근처에 사택만 있었어도 남편은 덜 힘들었을 것이다. 사택이 제공된다는 말은 그만큼 중요하고 반가운 소식이었다.

'우리가 어떻게 하나님의 계획하심을 다 안다고 할 수 있을까?'

문제가 생겼다. 사택에 들어가기 위해선 보증금을 준비해야 했다.

교회에서는 월세만 지출한다는 조건이었다. 살고 있는 집을 빼도 사백만 원이 부족했고, 우리가 감당할 수 없는 큰 액수였다. 우리에게 집은 늘 슬픔을 먼저 주고 말을 잃게 하는 불안덩어리였다. 동분서주하며 이리저리 발버둥을 쳐도 감당하기 어려웠다.

말씀과 기도가 나를 이끌어 믿음 안에 서 있을 때는 그래도 견딜 수 있었다. 이사 날짜가 일주일 정도 남을 때였을까? 사역할 교회 담임 전도사님으로부터 전화가 왔다. 급하게 부흥회 일정이 잡혔다면서 새벽예배를 조심스럽게 부탁했다.

남편은 교회에 부임하기 전에 새벽예배를 인도하러 갔다. 교회로 향하는 남편의 모습은 예전과는 확실히 달랐다. 잠은 보약이 되어 영육간에 살을 찌우면서 사역의 길을 평안으로 만들었고, 그 안에서 하나님은 때가 됐다고 움직이셨다.

새벽예배 이틀째 되는 날 한 여자 분이 사무실로 남편을 찾아왔다. 김복동 집사라며 자신을 소개하더니 할 이야기가 있다면서 잠깐 망설였다. 그러더니 예상할 수도 없는 말을 했다.

"전도사님, 제가 교회를 정하지 못해서 밀린 십일조가 있는데 전도사님께 드리고 싶습니다. 사택 구하실 때 사용해 주세요."

남편은 깜짝 놀라고 말았다. 이 분은 아무도 알지 못하는 이 일을 어떻게 알고 있단 말인가. 김 집사님은 계속 말을 이어갔다.

"이상하게 생각하실지 몰라서 조심스럽게 말씀드립니다. 꿈을 꿨습니다. 전도사님 집 마당 안 살구나무에 열매가 주렁주렁 열리는 꿈입니다. 작은 물질이지만 드리고 싶습니다."

김 집사님은 본 교회 교인도 아니었다. 남편이 새벽예배를 인도하는 날 교회에 오신 분이었다. 남편은 정중하게 거절했다. 하지만 그분은 기도해 보시라면서 전화번호를 남기고 조용히 사무실을 나갔다.

한 번도 경험치 못한 일은 쉬이 결정을 내릴 수 없었고, 담임 전도사님이 부흥회를 다녀오신 날 상황을 설명하며 어떻게 해야 할지를 의논했다. 담임 전도사님은 한 치의 고민도 없이 남편에게 말했다. 하나님이 주의 종을 위해, 가정을 위해 준비하신 헌금이니 받으시라고.

사백오십만 원이었다. 나머지 사택 보증금이 채워지는 순간이었다. 집사님은 남편이 거절을 한 후 연락이 없자 선교 단체 소속 선교사님을 후원하려고 은행에 있었다고 했다. 정말 간발의 차이로 헌금을 받을 수 있었다. 영적 민감함을 가지고 하나님의 일하심을 볼 수 있도록 기도하며 나아가야 함을 우리 부부는 다시 한 번 가슴으로 느꼈다.

"하나님이 자기를 사랑하는 자들을 위하여 예비하신 모든 것은 눈으로 보지 못하고 귀로 듣지 못하고 사람의 마음으로 생각하지도 못하였다 함과 같으니라" _ 고전 2:9~10

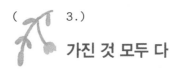

3

가진 것 모두 다

조그만 거실 창문으로 차가운 바람과 햇살이 스며들었다. 그 눈부심에 나도 모르게 웃었다. 아침 햇살을 타고 가볍게 흩날리고 있는 하얀 먼지가 빛으로 보였다. 참 오랜만이었다, 이 느낌. 2001년 1월의 아침이었다.

남편에게 입버릇처럼 했던 말이 있었다. 아침 햇살이 눈부셔서 늦잠 잘 수 없는 곳에서 살고 싶다고. 안산 반지하방에서 살 때였다. 반지하방에는 햇살 한 점 들어올 수 없는 곳이어서, 현관문을 열고 발걸음을 떼야 느낄 수 있었다.

이사 온 용현동 집은 햇살이 스며들어 너무나 고마웠다. 딸에게 매일 아침이 형광 불빛으로 대체되는 것이 큰 슬픔이었던 내게 커튼을 열어젖히기만 하면 15평짜리 아파트에는 언제나 햇살이 비쳤고, 그 아래 놀고 있는 딸의 모습을 볼 수 있었다. 나는 그 햇살만으로도 충분히 행복했다.

습기가 차던 반지하방에서 아토피와 비염을 달고 살던 딸들은 부쩍 성장했으나 창문을 열고 아무리 청소해도 지하의 꿉꿉한 환경에서 벗어날 수 없다는 것이 힘들었다. 아이들은 잔병치레가 잦아 병원을 다녀도 잘 낫지 않았다.

그래서인지 집안에서 맞이하는 아침햇살은 특별할 수밖에 없었다. 커튼 아래 장난감을 가지고 노는 딸아이를 보는 것만으로도 눈시울이 붉어졌다. 어느 날부턴가 남편은 아이를 안은 채 창문을 내다보며 이야기하는 것을 즐겼다.

우리 집은 더 이상 캄캄하지 않았다. 창밖의 드넓은 하늘과 자연의 섭리는 남편의 어깨를 가볍게 했다. 작고 단단한 행복이 우리 시선 속에 머물렀다. 지나야 할 풍경과 써야 할 마음이 남아 있다는 것만으로도 감사하게 사역을 할 즈음, 교회에서 릴레이 기도를 시작했다.

남편은 결혼 후 늦은 나이에 신학대학원에 들어갔다. 대학을 졸업하고 여러 환경에 맞물려 대학원 진학을 할 수 없었다. 첫 번째 등록금만 마련되면 장학금을 받겠다던 남편, 나는 결혼 패물을 팔았다. 첫 등록금을 마련했고, 이어서 아이들 돌 반지 사랑, 친정 가족의 사랑, 형의 사랑, 그리고 끝까지 책임져 주는 마누라 사랑을 받으며 신대원에서 공부할 수 있었다.

남편의 하루는 이보다 더 열심히 살 수 없을 것만 같았다. 남편은 등록금을 낼 때마다 미안해 했지만 정말 괜찮았다. 매일 밤 8시에 본당에 혼자 앉아 기도했다. 교회 가는 길은 홀가분하게 느껴졌으며, 발걸음 또한 산뜻했다.

두 딸을 키우며 순간순간 기도했는데 이런 시간은 참 오랜만이었다. 딸들의 작은 소리에 귀 기울이고 있던 나의 귓바퀴에 오롯이 내 목소리만 담겼다. 한 달 작정이었던 릴레이 기도가 아쉬움 속에 중반에 이르렀다. 나는 말하고 하나님은 들으셨기에 넉넉하게 바라보고 계셨을까? 어느새 기도는 갈수록 깊어졌다.

그즈음 교회는 차량 구입이 절실한 상황이었다. 남편이 운행하던 교회 차는 몹시 노후 된 가스 차였는데, 장시간 운전하다 보면 가스 냄새가 차 안으로 들어와 머리가 지근거렸다. 더 이상 운행은 위험하다는 신호를 여기저기에서 보내고 있었다.

더구나 남편의 5차 등록금을 마련하지 못해 분할 등록을 생각하던 나에게 그 마음만으로도 벅찼다. 헌신하는 마음들이 모여 차량을 구입해야 하는데 복잡했다. 그때, 그 기도 시간에 백만 원의 차량 헌금을 해야 하나? 그런 생각이 들었다. 하나님이 너의 것을 아낌없이 드리라고 말씀하시는 것 같았다. 기도하면서 묻고 또 물었다.

그럴수록 더욱더 선명해지면서 부담감과 함께 스멀스멀 가슴으로

파고들었다. 집에 들어서자마자 남편에게 달려갔다. 등록금을 내려고 모아 둔 팔십만 원이 전부인데, 왜 백만 원이 생각나는 거냐면서 폭풍이 몰아치듯 말했다. 놀라지도 않고 담담하게 나를 쳐다보던 남편.

"백만 원의 감동이 왔어?"

"응. 너의 것을 아낌없이 드리라 하시는 것 같아. 정말 이상해. 나는 백만 원이 없는데."

"당신 전에 비과세 저축한다고 얼마 모아 놨어?"

"어?"

남편은 여느 때와 사뭇 달랐다. 지금껏 기다리던 사람처럼 보였다.

"혹시 당신도 백만 원의 감동을?"

"응. 며칠 전부터."

은행에서 돈을 찾아 헌금 봉투에 넣었다. 막상 손에 쥐고 보니 남편 등록금이 걱정되면서 갈등이 생기려 했다. 혹여 마음이 흔들려서 감사하지 못할까 봐 그날 저녁 금요예배 때 차량 헌금을 했다.

백만 원의 헌금이 남편의 인생처럼 느껴졌던 나는 간절한 마음을 담아서 헌금 봉투에 썼다. '하나님 남편의 인생을 드립니다. 이후 책임져 주세요.' 정말 몇 천 원을 제외한 가진 것 전부를 드렸다. 내 인생에 아낌없이 드리는 세 번째 헌금이었다.

차량 헌금을 드리고 난 후 불안한 날들이 있었다. 어떤 준비도 안

된 채 등록금 납부 날짜는 빠르게 다가왔다. 매 순간 '그리 아니하실지라도 감사합니다'라는 고백의 기도만 드릴 뿐이었다. 마음을 지키지 못하고 흔들리지 않기를 바랐다.

내겐 신용카드가 딱 하나 있었다. 안산 반지하방에 살 때 유진이 엄마의 도움으로 만든 카드였다. 원천 징수가 없어서 카드를 만들 수 없던 시절에 한시적으로 이루어졌던 은행 행사 정보를 가져왔다. 유진이 엄마는 카드 발급 조건이었던 삼십만 원을 세 달 동안 내 통장에 입금했다. 그렇게 만들어진 신용카드, 현금서비스 한도액이 칠십만 원밖에 안 되는 카드가 우리 가족의 첫 카드이자 유일한 카드였다.

한 달은 무척이나 빨랐다. 남편의 5차 등록금 납부 마지막 날이었다. 째깍거리는 시계 소리가 휴학을 결정하라며 재촉하는 것만 같았다. 그때 전화벨이 울렸다. 고객님의 현금서비스 금액을 상향 조정할 수 있는데 하시겠냐는 상담원의 질문이었다.

아, 현금서비스 상향 조정 금액은 삼백이십만 원이었다. 그날 신용카드회사 전화는 우리에겐 복음이었다. 휴학이 눈앞에 다가오는 것 같아 흔들렸던 하루가 기쁨으로 변했다. 등록금을 낼 수 있는 방법이 생긴 것이다. 너무 감사했고 은혜였다.

갑작스럽게 점핑한 신용카드 조건, 5차 등록금을 낼 수 있었다. 우리는 그렇게 한 고비 한 고비를 넘어가고 있었다. 비록 카드는 한도액이 차서 무용지물이 돼 버렸고 작은 여유마저 사라지기도 했지만, 그리 아니하실지라도 감사하다는 매일의 기도는 삶을 충만하게 했다. 남편이 휴학을 해서 삶을 헤쳐 나가는 것보다 학업을 지속하는 것이 내겐 더 큰 위안이고 행복이었다.

비록 실타래는 조금 엉켜 있더라도 풀어갈 수 있다는 믿음의 여유가 충분했다. 주시는 하루를 감사하며 기도하는 예배자로 살았다. 더 특별하지도 않게, 더욱 간절하지도 않게, 그냥 묵묵히 감당하며 나아갔다.

그러던 어느 날, 하나님의 사랑이 또 다시 내게로 왔다.

"여보! 당신은 장학금을 하나님께 받는 사람이구나."

그 사랑의 움직임 속에는 남편의 인생을 책임져 주시는 기도 응답이 들어 있었다.

"네 길을 여호와께 맡기라 그를 의지하면 그가 이루시고" _ 시 37:5

(4.)

낮은 시선

스치는 바람 소리도 하나님의 세상이었다. '네가 받았던 섬김을 이제 나눠줄 때가 됐어.' 잎새들이 부딪치며 서걱거리는 소리로 그들에게 날아갔다. 그들은 외면하지 않았다. 어려움을 함께했던 기억을 되살리며, 우리를 낯선 시선으로 대하지 않았다. 자연스럽게 바람을 받아들이며 우리의 어려움에 마음을 나누었다.

선교유치원을 운영하면서 가장 난감할 때는 장애가 있는 아이를 대할 때였다. 부모는 한가닥 희망을 품고 다가왔지만 저절로 어깨에 내려앉은 미안함으로 고개를 푹 숙인 채 애꿎게 아이만 쳐다봤다. 유치원을 보내려는 마음이 자신의 욕심인지 모른다는 눈빛으로 머뭇대는 엄마의 몸짓은 선생님들은 물론 나의 마음을 아프게 했다.

유치원에 한 아이가 들어오자 세 아이가 됐다. 지금도 기억나는 세 아이의 이름. 신문광고에 나온 약 이름을 말하면 제약회사를 정확하게 말했던 아이, 잘생긴 얼굴을 하고 나를 볼 때마다 침 흘리며 웃는 것이 유일한 언어였던 아이, 분노조절 장애로 고함치며 유치원을 평정하고 다녔던 말썽꾸러기 아이. 결코 쉽지 않았던 고단하고 힘든 돌봄이었지만 유치원에서 내칠 수는 없었다. 부모의 눈에 들어 있던 절박함을 외면할 수 없었다.

어느 날은 수업을 하던 중에 아이가 유치원을 나가 버렸다. 눈물범벅이 되어 안산 길거리를 헤매고 다녔다. 마침내 차를 타고 무작정 두 정거장을 가 버렸던 아이는 누군가의 도움으로 다행히 파출소에 있었다.

아이를 데리고 유치원에 왔을 때 자식을 바라보던 엄마의 눈빛, 무슨 일이 일어난 줄도 모르는 자식의 얼굴을 하염없이 매만지고 매만졌다. 그리곤 또 다시 움츠러들었던 엄마의 마음이 전해졌다. 이번 일로 영영 유치원을 못 다닐까 걱정하는 표정을 감추지 못했다.

아이 엄마는 자신의 감정을 다 말할 수도 없었다. 참는 것이 익숙한 사람처럼. "죄송합니다. 더 잘 보살피겠습니다." 그 눈물을 어떻게 표현해야 할까? 채 마르지도 않았던 젖은 눈동자에서 다시금 솟구쳐 올라 가냘픈 엄마의 얼굴을 덮어버렸다. 불안했던 마음이 눈물이 되었다.

피곤이 일상인 사람은 그 피로가 삶의 일부여서 특별하게 여기거나 언급하지 않는다. 장애를 가진 자녀의 엄마는 정신적이든 육체적이든 자유로울 수가 없었다. 나는 그들의 고단한 삶 위에 쉼을 주고 싶었다. 조금이나마 자유로운 시간이 주어지길 바랐다. 장애를 가진 아이들을 원생으로 받아들인 이유였다. 오늘과 내일이 똑같은 날이 아니라 쉼을 통해 소소한 행복을 찾기를 바랐다.

정말 잠깐의 방심으로 한 아이의 인생을 놓칠 뻔했다. 너무도 두려웠고 무서웠던 날, 나의 인생과 그 아이의 인생을 지켜주신 하나님이 곁에 계셨다. 막내 선생님이 아이를 안고 울고 있었다. 자신이 맡고 있던 아이였기에 마음고생이 더 심했던 선생님은 야무진 손과 착한 성품으로 유독 장애가 있는 아이들을 잘 챙겼다.

무심코 쳐다본 곳에 장애 아이 옆에서 웃고 있는 전미선 선생님이 있었다. 아이의 눈을 바라보고 흘러내리는 침을 닦아주며 예수님을 시시때때로 들려줬다. 선생님의 애틋한 돌봄은 장애를 가진 세 아이를 또래 친구들 속에서 웃게 만들 뿐 아니라 내게도 포기하지 않고 끝까지 돌볼 수 있는 힘을 주었다.

그날, 하나님의 은혜가 우리를 지켜주던 날에 막내 선생님은 가슴을 쓸어내리며 울고 있었고, 아이는 선생님 품에서 예전처럼 해맑게 웃고 있었다.

선교유치원은 내 삶에 참 소중한 곳이었다. 하나님을 전할 수 있는 열려진 교육 현장이었고, 자라나는 아이들에게 믿음의 씨를 뿌리고 알맞은 때 물을 줄 수 있는 믿음의 장소였다. 아이들의 입에서 "예수님 사랑합니다. 만나고 싶어요."라는 외침이 들릴 때 뭉클했던 감동은 잊을 수 없다. 하나님 나무에서 무럭무럭 자라며 웃고 뛰놀며 행복해 하는 모습은 어른의 모습에서 볼 수 없는 순전함이 있었다.

언제부턴가 재잘거리며 밝았던 아이가 시무룩해져 있었다. 며칠을 지켜보는데도 좋아질 기미가 보이지 않았고, 조용히 물어도 대답하지 않았다. 그 아이의 원비가 몇 개월 밀려 있었다. 선생님들을 통해 가정 환경을 살피고 부모님과 상담을 했다. 갑작스럽게 사업이 어려워져서 아이를 유치원에 못 보낼 것 같다는 말을 들었다. 아이는 친구들과 헤어지기 싫은 마음을 내비치고 있었다.

그 무렵, 하나님이 자꾸만 내 이웃의 범위가 어디까지냐고 물으시는 것만 같았다. 그럴 때마다 내가 손 잡아 줄 수 있는 곳이라면 어느 곳이든 이웃이라고 했다. 내가 할 수 있는 일을 찾으려 기도했다. 부모의 갑작스런 가난으로 하나님을 알아가는 시기를 놓치지 않게 하는 일도 그 중 하나였다.

남모르게 선교를 시작했다. 개인적인 선교뿐 아니라 유치원 재정을 형편이 어려운 아이들을 위해 사용했다. 감사하게도 재정은 부족하지 않았고, 유치원을 운영하는 동안 많은 아이들에게 도움을 줄 수 있었다. 담임 목사님의 아이들을 향한 마음이 있었기에 가능한 일이었다.

지금 와서 돌이켜보면 그 시절 하나님이 나에게 주신 것은 사람이었다. 작은 물질의 섬김을 통해 많은 이웃을 내 삶에 허락하고 계셨다. 하나님의 품안에 붙잡아 두시면서. 하지만 결혼을 하고 남편의 사역지를 따라 옮겨 다니면서 소중했던 이들과 멀어졌다. 자연스럽게 마음의 거리도 생겼다.

어쩌다 남편과의 대화 속에 불쑥 튀어 나오는 그리움으로만 그들을 기억했다. 그런데 함께 동역했던 이들과 믿음의 이웃들이 하나님의 계획 속에서 움직일 날을 기다렸다는 듯이 위로와 베풂으로 다가왔다. 그러더니 불어오는 바람이 꼬리에 꼬리를 물면서 하나님의 일에 발을 딛게 만들었다.

나는 남편이 대학원을 마치고 부목사가 되어 사역할 날만 기다렸는데, 욕심이었을까? 아니면 하나님의 사랑일까? 용현동에 사역지를 정한 지 채 일 년이 안 된 10월이었다. 기도 중에 하나님의 마음을 알아버렸다. 기도가 은연중에 개척의 물음으로 들어가고 있었다. 하나님은 왜 현실을 간과하실까? 우리 앞에 놓인 재정도 자원도 전혀 없는데 어떻게 하나님의 뜻이라고 하실까? 그럼에도 불구하고 거부할 수 없었다. 하나님이 움직이시면 큰 은혜로 다가옴을 나는 이미 알고 있었다.

"너희가 헤아리는 그 헤아림으로 너희도 헤아림을 도로 받을 것이니라" _ 눅 6:38

세 가지 약속

새벽예배가 끝난 후 차량운행을 마친 남편은 다시 교회로 돌아갔다. 피곤한 얼굴이었기에 집에서 쉬라고 했지만 남편은 단호했다. 그날 남편은 해가 훤하게 밝았음에도 집으로 돌아오지 않았다.

출근 시간이 다 될 때 쯤 남편에게 전화가 왔다. 기도시간이 길어져 전화할 수 없었다고 했다. 점심시간에 집에서 할 말이 있다고 하는 것이 아닌가. 가슴이 덜컥 내려앉았다. 남편의 기나긴 기도시간에 무슨 일이 있었을까. 할 말이 있다는 건 뭘까? 왜 가슴이 덜컥 내려앉는 걸까? 나는 여느 날과 다르게 반응하고 있었다.

돌발적인 남편의 새벽기도가 나를 예민하게 했다. 조금 이른 점심시간에 집에 온 남편은 생각이 많아 보였다. 피곤한 기색이 역력했으나 의외로 표정이 밝았다. 무슨 일이냐고 묻고 싶었지만 새벽부터 지금까지 빈속이었을 남편의 점심상을 차렸다.

이른 점심을 먹고 있던 남편을 자꾸 쳐다보면, 피식 웃었으나 그다지 즐겁지 않은 안색이었다. 그리고 나서 남편에게 들은 말은 말문을 막히게 했다. 남편의 간증이다.

새벽기도를 하는 중에 자꾸 욥기 말씀이 말걸음을 했다. 기도를 더 해야 할 것 같은데 차량운행 시간이 되어 기도 중에 나와야 했다. 예전 같으면 피곤한 몸을 핑계로 집에 들어가 한숨 더 잤을 텐데 그럴 수가 없었다. 순종의 마음이 느껴졌다.

다시 교회로 돌아와 본당에서 흐트러진 마음을 가다듬고 기도하기 시작했다. 왜 하나님은 다시금 이 자리에서 기도하길 원하셨을까? 질문을 되뇌는데 며칠 전부터 묵상했던 말씀이 다시 말을 걸어왔다. 아니, 선명한 질문이었다.

"너는 눈 곳간에 들어갔느냐, 우박 창고를 보았느냐?" (욥 38:22)

"너는 대장부처럼 허리를 묶고 내가 네게 묻겠으니 내게 대답할지니라" (욥 40:7)

"네가 낚시로 리워야단을 끌어낼 수 있겠느냐" (욥 41:1)

숨 쉴 틈 없이 쏟아지는 말씀의 위엄 앞에 움직일 수가 없었다. 하나님을 경외함으로 엎드려 그분의 말씀에 귀 기울일 수밖에 없었다.

"온 천하에 있는 것이 다 내 것이니라" (욥 41:11)

"나의 교회를 세워라."

말로 표현할 수 없는 하나님의 메시지, 두려움에 간신히 목소리를 내어 기도했다.

"주님, 저는 개척할 믿음도 용기도 자격도 없습니다. 돈도 없습니다."

순간 두 번째 말씀이 내게 부딪혔다.

"두려워하지 말고 가만히 서서 여호와께서 오늘 너희를 위하여 행하시는 구원을 보라. 여호와께서 너희를 위하여 싸우시리니 너희는 가만히 있을지니라 (출 14:13~14) 내가, 내 자원으로, 내 때에, 내 교회를 세울 것이다."

"하나님! 저 혼자는 교회를 세울 수 없습니다. 아내가 동의하면 순종하겠습니다."

남편의 마지막 기도 속에는 나의 동의가 들어 있었다. 그렇게 개척의 순종이 눈앞에 떨어졌다. 말문이 막혀 남편을 쳐다봤지만 모른 척했던 내 마음이 보였다. 어쩌면 나도 이미 알았던 것 같았다.

며칠 전부터 기도 중에 자꾸 생각나는 찬양이 있었다. 하나님이 양 떼를 맡길 테니 부탁한다는, 그 가사는 '내게 오는 많은 양 떼 네게 맡겨 둘 테니 사랑하는 내 친구야 많은 양 떼를 부탁한다.'였다. 하나님이 주시는 사인이었을까?

막막함이 찾아왔다. 정말 있을 수 없는 일이 눈앞에 펼쳐졌다. 어떻게 하나님은 빈손이며 믿음도 부족한 우리에게 교회를 개척하라고 하시는지. 지금껏 하나님의 일하심을 보며 여기까지 왔지만 이건 생각의 분량을 넘어섰다. 오직 믿음으로만 발을 디딜 수밖에 없는 일이었다. 사람들은 무모하다 할 것이다. 아니 무모한 거였다.

매일의 기도시간이 이렇게 두려울 수 있는 건지 안개가 자욱한 희뿌연 길을 걷는 기분이었다. 하나님 뜻이라고 인정하고 싶지 않았다. 그럼에도 하나님의 그늘 아래 선 우리는 피할 장소가 없었다.

하루, 이틀, 사흘, 시간이 지나면 지날수록 더 선명해지고 뚜렷해지는 기도의 방향은 어쩔 수 없었다. 나의 대답을 기다리는 남편과, 나를 바라보시는 하나님. 더 이상 버티기는 금물이었다.

남편이 나의 동의를 하나님 앞에 내밀었던 것처럼, 나는 하나님께 세 가지 약속을 내밀었다. 딸아이 유치원이 중요했다. 개척하면 물질의 어려움으로 아이가 유치원을 다니지 못할까 봐, 유치원 졸업할 때까지 후원자를 보내 달라는 기도가 첫 번째였다. 그리고 차를 주시라고 했다. 개척 장소를 알아보려 다니려면 필요할 것 같았다. 세 번째 기도! 개척을 하는 동안 물질적인 어려움을 없게 해 달라고 했다.

두 가지 기도를 응답 받는다면 개척해야 한다. 나머지 기도는 개척하는 삶에서 이루어지는 평생의 응답으로 믿고 가야 할 거라 마음먹었다. 하나님이 꼭 기억하시길 원하며 소망을 품은 기도, 마지막 기도는 연약한 마음의 안전장치였다.

하나님의 응답은 참 무섭게 다가왔다. 21일의 기도시간을 정한 게 무색할 정도로 다음 날 전화 한 통에 큰딸의 유치원 후원자가 정해졌다. 그분은 2년 동안 큰 딸의 유치원 생활을 책임져 주었다. 부족함 없이 아이가 유치원을 다닐 수 있도록 모든 후원을 아끼지 않았다.

유치원 후원자가 생기고 며칠이 지난 후 또 한 통의 전화가 왔다. 남편 퇴직금의 십일조를 헌금하고 싶다면서 차량을 구입해 개척을 하시면 될 거 같다고 덧붙였다. "그러지 마세요. 왜들 그러세요." 그들에게 했던 첫마디다. 너무도 아니길 원했고 마음에서 지워버리고 싶었는데, 하나님은 자신이 세우신 계획대로 이루어 가실 태세였다.

헌 옷을 입은 그레이스 12인승, 사백오십만 원을 주고 구입한 남편의 첫 차는 그렇게 우리에게 왔다. 이젠 되돌아 갈 수도 없고 순종만이 놓여 있었다. 땅 밟기가 시작되는 순간이 기어코 오고 말았다.

"내가 가는 길을 그가 아시나니 그가 나를 단련하신 후에는 내가 순금 같이 되어 나오리라"_욥 23:10

(6.)
가려졌던 것

2002년 새해가 밝았다. 남편은 용현동에 있는 교회를 사임하고 대학원도 졸업했다. 모든 것이 하나님의 섭리대로 가는 것 같은데 불안하고 두려웠다. 불어오는 겨울바람을 온몸으로 맞으며 서 있는 것 같았다. 아무리 따뜻하게 몸을 감싸도 마음이 차가웠다.

교회를 사임했기에 3월 중에 사택을 비워야 하고 다시 이사를 가야 했다. 처음 이 아파트에 왔을 때 햇살 아래 있는 두 딸아이의 모습에 행복했었다. 다시금 예전으로 돌아갈지 모른다는 생각은 나를 힘들게 했다. 현실의 두려움은 불안한 심리 속에 파고들며 안 된다고 지금이라도 멈추라고 날마다 말을 걸고 있었다.

하나님이 왜 둘의 마음을 함께 만지셨는지 절실하게 느꼈다. 물질은 그만큼 현실 앞에 엄청난 힘을 발휘했다. 서로의 힘듦을 이해하며 다독여 주는 사랑이 없었다면 중간에 포기하고 말았을 것이다.

설 명절이었다. 우리는 헌 옷 입은 그레이스 12인승을 타고 시골로 향했다. 부교역자 사역을 하는 동안 경제적인 어려움이 많았기에 잘 내려가지 못했던 친정이었다.

하지만 이번에는 내려가야 했다. 하나님을 믿는 친정가족에게 도움을 구하고 싶었다. 십시일반으로 가족이 조금만 도와주면 허름한 상가에 작은 교회라도 세울 수 있을 거라 생각했다. 가족이 아니면 어떻게 개척할 수 있단 말인가. 이 방법밖에 없을 것만 같았다.

친정 가족은 복잡하고 미묘한 얼굴로 그레이스 봉고 12인승을 바라봤다. 하나님이 하신 일을 보면 개척을 반대할 수도 없는데 그렇다고 찬성할 수도 없는 일이었다. 개척의 길이 어렵고 힘들다는 것을 모두가 잘 알고 있었다.

우리는 기회를 엿보다 도와 달라 말하려 했는데 결국 아무 말도 하질 못했다. 설 연휴 마지막 날 별 것 아닌 일이 화근이 되어 가족끼리 언성을 높였고, 가족 간에 불편한 시간이 흘렀다. 각자의 집으로 돌아갈 때쯤 안정을 찾긴 했으나 모두 시골집을 떠나갔고, 우리의 바람은 가슴에 그대로 남아 버렸다.

시골의 소산물들만 가득 싣고 집으로 돌아오는 길은 허탈했다. 막막한 두려움이 앞서 달렸고 희망 잃은 우리가 따라갔다. 재잘거리던 아이들 소리마저 잠든 고요한 시간, 남편과 나의 입이 꼭 다물어졌지만 마음과 생각은 하나님을 향해 수없이 질문하고 있었다.

바깥세상이 우리의 질문을 꿀떡꿀떡 받아먹고, 자동차가 천천히 걷는 귀경길이었다. '벌써 겨울이 봄을 보내주고 있구나.' 거친 땅속을 뚫고 나오는 잡초들이 새삼스레 눈에 들어왔다. 봄기운이 완연하진 않지만 따사로움도 살짝살짝 스쳤다. 겨울은 이제 메마름을 내어주고 푸릇함에 잠깐 자신을 맡겨야 했으리라. 또 다시 가을이 양보해 줄 날을 기다리면서 말이다.

아! 하나님. 순간 가슴이 울컥해졌다. 내 눈이 하나님의 세상에서 답을 얻어왔다. 삶의 모든 일은 하나님이 하시는 일이지 않는가! 인간은 할 수 없는 오직 하나님만이 하실 수 있는 일.

"여보 우리가 지금 누구를 의지하고 있지? 하나님이야, 가족이야?"

운전대를 잡고 있는 남편의 얼굴에 한순간 생각이 많아졌다.

"하나님이 사람을 의지하는 마음을 버리라고 하시는 것 같아!"

나지막한 목소리였다.

"맞아. 우리는 여태 가족을 의지하면서 개척을 할 수 있다고 마음먹었던 거야."

막막한 두려움이 앞서 달리던 길에 믿음이 추월하는 순간이었다. 우리는 완전하게 믿음 안으로 들어갈 거라 마음먹었다. 흔들리는 하루는 더 이상 없을 거라고 다짐하면서 새롭게 도전을 결심했다. 하지만 시간이 던지는 조급함에 쉽게 무너지는 나약한 믿음이었다.

　3월이 다가왔다. 사역을 그만둔 지 벌써 3개월이 지나고 있었다. 현실의 삶을 품고 믿음으로 나아간다 말하기엔 우리 모습이 초라하다. 구비구비 굴곡진 하룻길을 간신히 지탱하고 있었다.

　이제 사택을 비워야 하는 날도 한 달밖에 남지 않았고 집을 구해야 하는데 어느 곳에 구해야 할지 알 수도 없었다. 개척 장소조차 정하지 못했다. 개척지를 알아보러 다닌 두 달여 동안 참 많은 곳을 물색했다. 승합차 의자를 매트리스처럼 만들어 이불과 장난감과 간식을 챙겨서 아이들과 함께했다. 남편과 나의 조급한 마음과 달리 딸들은 즐거워했다. 큰 딸은 아빠 옆에서 재잘거리며 잠도 자지 않았다.

아이들의 눈이 바깥세상을 보며 초롱초롱 빛났다. 개척자금이 없는 우리의 길은 위축되고 망설이고 작아져서 갈 바를 알지 못하는데, 아이들은 좁은 차 안에서 먹고 자면서도 부모와 함께 있음에 즐거워했다.

땅을 밟는 짧은 시간은 아이들의 세상이었다. 2월의 끝자락이라 할지라도 날씨가 제법 추운데도 작은 딸의 뒤뚱뒤뚱 걷는 발자국 뒤엔 보살피는 언니의 발자국이 있었다. 어린 언니는 동생이 넘어질까 봐 발걸음을 따라가면서 동생의 발자국 위에 자신의 발자국을 포개며 즐겁게 웃었다.

추위를 아랑곳 하지 않고 부모의 눈빛 속에서 마음껏 뛰놀고 있는 딸들. 나는 무심코 딸들의 발자국을 따라 뒤를 돌아봤다. 우리만 있던

횅한 공원에 아이들의 발자국들이 선명하게 날아오르더니 바람에 날려 나풀거렸다. 새털처럼 가볍디가볍게 춤을 추며 자유롭게 하늘 위로 사라졌다. 마음이 말을 했다. 내가 걷는 길 위의 발자국은 하나님이 보고 계실 거야!

"너희 마음을 다하여 여호와를 신뢰하고 네 명철을 의지하지 말라"_잠 3:5

(7.)
미래의 건축가

버스가 다니는 길가에 텃밭 형태의 땅이 있었다. 갖은 채소들을 재배한 흔적이 여기저기 눈에 띄었다. 미처 뽑지 못한 마른 고추나무, 형체를 알 수 없는 농산물들이 즐비했다. 경작할 땅을 표시해 둔 작은 두렁에 허름한 옷을 걸쳐 입은 허수아비가 지켰다. 제법 넓은 땅은 개발을 기다리면서 작은 소유자들이 모여 주인이 되어 있었다.

지금은 살풍경에 가깝지만 봄이 오면, 단순하게 채색된 초록빛 땅에 모자이크 그림이 그려질 것이다. 아무렇게나 놓여 있던 빨간 고무통에 가득 빗물을 채우면서 말이다. 강렬한 태양빛에 비가 숨을 죽였는지 땅이 메말라 가면, 주인의 손길로 빨간 고무통의 물을 퍼 올려야 시들어 가던 채소들이 해갈된다. 땅의 모든 무정물들에게 생각지도 못한 단비일 것이다.

'우리의 삶에 하나님도 문득 이렇게 다가오실 때가 많겠지.'

화려하지 않은 도시 속에 미니어처 농촌이 중앙에 들어서 있는 듯한 이색적인 풍경은 남편 동기 모임으로 들렀던 효성동 지역이었다. 힘겨운 노동자의 삶이 마을 곳곳에서 그대로 드러나는 가난한 동네였는데 뜻밖에 남편과 나의 마음에 작은 일렁임이 일었다.

우리는 용현동 집에 돌아와 기도하면서 그 땅을 떠올렸다. 다시 찾아가기로 했다. 알 수 없는 설렘으로 꼬박 밤을 새우다 잠깐 잠든 사이에 아침이 밝았다. 설렘과 기대의 아침인데 우리 마음이 향하는 것을 제지할 수 없었다. 잠자던 아이들을 깨워서 옷을 입히고 간단한 아침을 먹은 뒤 어제의 길을 다시 달렸다. 목적지를 향해 달려가는 길이 멀게만 느껴졌다.

드디어 눈여겨봤던 장소에 도착했다. 우리는 발을 딱 내딛는 순간 알았다. 이 땅에 개척의 깃발을 꽂아야 한다는 사실을. 하나님이 주신 사역의 자리임이 벅찬 가슴으로 전해졌다.

"여보, 여기 같지? 이 땅에 서니 가슴이 요동치는 것 같지 않아?"

남편이 격양된 목소리로 물었다.

"응! 여기 같아."

하나님은 이번에도 한 마음을 주셨다. 벅찬 은혜로 우리가 개척할 땅을 바라봤다. 세상의 두려움 없는 오직 믿음만이 서 있는 자리. 온몸에 전율이 흐르는 찌릿한 감정이었다. 그렇게 하나님의 응답으로 개척 장소는 정해지는 것처럼 보였다.

이 지역을 벗어나면 안 될 거 같은데 도대체 할 수 있는 방법이 없었다. 상가가 없었다. 번듯한 상가든 허름한 상가든 그곳엔 교회가 들어설 자리가 없었다. 허망한 생각이 의심으로 번지고 우리는 무너지고 있었다.

너무 허름해서 들어가고 싶지 않았던 빌라 주차장에 간이 부동산이 있었다. 들어가지 말까 하다가 마지막이라고 생각하며 들어섰다. 뒤틀려 있던 새시 문을 열자 할아버지 한 분이 앉아 있었다. 역시 상가가 없다고 한다. 지금 동네가 개발을 준비하는 곳이라 상가가 부족하단다.

우리가 하나님 뜻을 잘못 알았을까? 복잡한 마음으로 내적 갈등을 일으키며 부동산을 나오는데 할아버지가 불렀다.

"전도사님! 여기 부동산 앞에는 빌라를 짓지만 어쩌면 저기 저 쪽에 상가가 들어설지도 몰라요"

우리는 할아버지가 가리키는 그곳을 쳐다보았다. 도로 길가 빈터였다. 빌라를 짓기엔 좁은 땅이었다.

"저곳에 상가가 지어질지 모른다는 거죠?"

"상가 자리인 것 같아요, 확실하진 않지만."

"혹시 여기에 빌라 나온 것이 있나요? 월세를 구하고 싶은데요?"

"이 건물 2층에 월세가 나왔는데 보여 드릴까요. 비어 있습니다."

그렇게 우리는 아무것도 정해진 것 없는 인천 효성동으로 이사를 왔다. 가족 외에 아는 이 하나 없는 낯선 동네였다. 우리가 살 집은 다시 허름해졌고, 갈래 길 시작 지점에 있는 빌라여서 차량 소음이 시끄러웠다. 문을 열면 먼지가 훅 들어오는 열악한 환경이었다. 버스종착지 차고도 가까이에 있어 새벽만 되면 공회전 엔진 소리에 놀라기 일쑤여서 잠을 설치곤 했다.

하지만 놀라운 기적을 맛보았고, 일 년을 버티게 해 준 기도처이기도 했다. 어느새 4월의 봄날이 다가오고 있었다. 하나님은 봄바람 속에 많은 것을 실어 보냈다. 개척을 준비하며 사역을 하지 않은 지 4개월이 지났지만, 곤궁한 삶이 아닌 일용할 양식으로 하나님이 먹이셨다.

지금도 곧잘 그때 이야기를 한다. 쌀이 떨어져 가는 빈 통 앞에 있는 나를 보며 슬프게 울던 남편의 모습. 그날 나는 쌀 떨어지는 것보다 딸기를 먹고 싶은 마음이 더 슬펐다. 상큼한 딸기를 어린 딸들과 함께 먹고 싶다는 생각이 왜 그렇게 슬프게 하던지. 마음을 감추며 남편에게 말했는데 알아차렸던 것이다.

그날 밤, 큰방에서 들리는 남편의 기도소리엔 나의 아픈 마음을 드러낸 딸기가 있었다. 간절한 눈물이 하염없이 흘러내렸다. 그러나 너무도 세밀하신 하나님, 다음날 현관문 앞에 쌀 한 가마니와 딸기 두 팩이 놓여 있었다. 남편 동기이며 형님뻘인 이상철 목사님이 지나가는 길에 놓고 간다는 연락이 왔다.

공중에 뿌려진 기도는 날개를 달아서 하나님의 섭리 아래 부천에 있던 목사님께로 날아갔다. 가족을 향한 남편의 애틋한 마음이 응답을 받았다. 기쁜 소식도 앞다투어 왔다.

"사모님! 남편이 개척 헌금을 했어요. 오늘 저희 집으로 와 주세요."

그동안 개척을 위해 기도하던 집사님에게 전화가 왔고, 부동산 할 아버지를 통해 상가가 지어진다는 소식이 들려왔다.

"너희 안에서 행하시는 이는 하나님이시니 자기의 기쁘신 뜻을 위하
여 너희에게 소원을 두고 행하게 하시나니" _ 빌 2:13

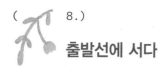

8

출발선에 서다

가슴이 두근거렸다. 심장의 콩닥거림이 쉬이 멈춰지질 않았다. 4월의 끝을 달리고 있는 봄바람이 얼굴을 스치며 화들짝 달아나 버렸다. 홍조 띤 얼굴과 몸은 여름 한낮처럼 달아올랐다.

그날 달리던 도로는 상상하고 바랐던 일이 현실이 되는 길이었다. 하나님의 때, 하나님의 자원으로, 하나님이 하신 일을 눈으로 확인하러 갔다. 내겐 응답이었다. 빌라에 이사 온 후 각자 기도처에서 온 맘으로 기도할 때, 영적 세밀함으로 다가오셔서 사람을 통해 하나님의 일하심을 보여주셨으니까.

오래전부터 알고 지내던 집사님과 함께 서로의 삶터에서 기도 동역을 했다. 어느 날부턴가 개척 헌금에 대한 갈망이 간절해졌다는 집사님이 움직이셨다. 생애 처음으로 3일 작정 금식기도를 했고, 2일째 되는 날에는 장문의 편지를 남편에게 보냈다. 헌신하고픈 마음을 간절하게 담은 글에서 기도의 힘을 얻은 남편은 내면에 감춰져 있었던 순종의 믿음을 내보이게 했다.

"사모님, 십일조가 놓여 있는데 오천만 원이에요. 사모님이 말씀하신 헌금이 화장대에 놓여 있어요. 빨리 오세요. 어쩌면 좋아요."

지금도 그때만 생각하면 가슴이 뛴다. 집사님의 격양된 목소리가 들린다. 하나님은 언제나 세밀한 음성으로 말씀하신다. 우리가 온전히 그분 안에 거하지 못하므로 잘 듣지 못할 뿐이다. 개척을 소망하며 하나님 말씀에 귀 기울이며 살았기에 그분의 계획 앞에 응답 받을 수 있었다.

오천만 원이 담긴 십일조 헌금 봉투가 남편 손 위에 올려졌다. 손끝이 떨리던 남편, 무일푼으로 개척을 꿈꾸며 걸어온 길에 개척자금이 생기는 순간이었다. 오백에 이십오만 원 하는 상가만이라도 얻어 시작했으면 했는데 분양을 꿈꾸게 되었다.

하나님의 보너스는 앞으로 더 나아갈 수 있는 힘을 확실하게 심어 줬다. 집사님은 천칠백만 원의 십일조를 더 헌금했다. 남편의 발걸음이 가벼워졌다. 하루가 시작되는 아침이면 지어져 가는 상가를 보며 기도했고, 저녁이 되면 공사 중인 빌라와 상가를 천천히 걷고 있었다. 공사 현장을 돌면서 사고 없도록 기도한 지 벌써 몇 개월째다.

우리는 간절한 시선과 발걸음으로 교회를 짓고 있었다. 매일 바쁘게 일하는 인부들은 상가가 아닌 우리 교회를 세우고 있었다. 무엇 하나 정해진 것은 없지만 하나님이 허락하신 자리였기에 믿음의 눈으로 열심히 따라 갔다. 상가는 기도 위에 완성되었고, 10월 쯤 분양을 시작했다.

하나님이 참 미운 날이었다. 전혀 예상치 못했는데, 건물주가 상가를 개별 분양이 아닌 통 분양으로 내놓았다. 희망으로 기다렸던 분양의 날은 허탈과 좌절이 되었고, 믿음도 나락으로 떨어졌다. 정말 1년 동안 이곳만을 위해 기도해 왔는데 어떻게 이럴 수가 있단 말인가. 힘겹게 걸어 온 지난 날들이 우르르 무너지면서 소망을 붙잡을 수 없었다. 우리의 많은 날들은 방향을 잃고 지나갈 수밖에 없었다.

건물주에게 무슨 일이 생긴 걸까? 갑자기 상가가 개별 분양으로 바뀌더니 3층이 분양 사무실이 되었다. 돌이켜보면 하나님의 일에 우리의 생각과 계획은 한낱 방해물이었고 넘어지기만 할 뿐이었다. 우린 그저 그분의 뜻이 무엇인지 구하고 바라볼 수 있는 작은 믿음만이라도 굳건하게 지키는 것만이 필요했다.

지상 층으로 교회를 세우고 싶었다. 하지만 상가가 없는 지역이기에 분양가가 턱없이 높았다. 여러 형편을 고려할 때 지하가 우리에게 적합했다. 마음을 결정한 남편은 건물주 박 사장을 찾아갔다.

하지만 지하 내부 시설이 전혀 갖춰져 있지 않아 다소 낮은 분양가를 제시했다가 물색없는 사람이 되어버렸다. 1층을 분양받은 이가 지하를 물류창고로 사용한다며 분양가 일억이천을 제시한 상태였고, 이틀의 여유를 달라고 했다고 한다. 박 사장은 기다리는 중이었다.

남편은 실망하지 않았다. 세상 물정 모르는 사람으로 박 사장에게 확실하게 도장 찍혀 버렸지만 다시 만날 날이 있을 거라고 확신했다. 사람의 일은 한 치 앞을 내다볼 수 없고, 언제 어떻게 무슨 일이 일어날지 알 수 없다. 그래서 어떤 이들은 삶이 아름다운 것은 미래를 예측할 수 없기 때문이라고도 한다.

박 사장을 다시 만나기까지 그리 오래 걸리지 않았다. 며칠 뒤 은행 마감 시간이 다 될 즈음 요란하게 전화 벨소리가 울렸다.

"박 사장인데요, 전도사님 분양가를 얼마 정도 생각하십니까?"

"네, 박 사장님. 팔천만 원입니다."

다짜고짜 분양가를 물었던 박 사장은 금액을 듣고 나서 잠시 머뭇거리는가 싶더니, "그럼 지금 은행에서 현금으로 오천만 원을 출금할 수 있습니까?"라고 물었다.

"네, 당장 해 드릴 수 있습니다"

"그럼, 계약하시죠. 현금으로 찾으셔서 최대한 빨리 분양사무실로 오세요."

은행 마감이 30분이 채 남지 않은 시간이었다. 부랴부랴 옷을 챙겨 입은 남편이 은행에 갔을 때 셔터 문이 막 닫히려는 순간이어서 간신히 들어갈 수 있었다. 그렇게 일억이천이었던 상가는 팔천만 원에 우리 교회가 되었다. 뒤늦게 안 사실은 그날 오천만 원의 돈을 막지 못했다면 박 사장은 부도 위기에 처할 뻔했다고 한다.

건물 지하 40평은 마침내 우리 소유가 되었다. 빈 주머니였던 우리에게 매매계약서가 들려졌고, 계약서를 손에 꼭 쥔 우리 부부는 분양받은 상가를 향해 달려갔다. 얼마나 기뻤는지 모른다. 그 길이 내게 달려왔는지 순식간에 도착했다.

불빛도 없는 어둠컴컴한 지하 계단을 내려갔다. 안으로 들어서자 지상으로 반쯤 올라가 있는 창문에서 빛이 들어오고 있었다. 아이들 손을 잡고 중앙으로 걸어가 두 손을 모으고 '하나님 감사합니다.'라고 외쳤다.

우리 아이들은 정말 신나게 웃었다. 아직 완공되지 않은 상가 내부여서 위험했지만 딸아이들의 손을 잡고 조심스럽게 한 바퀴 걸었다. 벅찬 감사와 행복이 섞인 발자국과 우리들의 울림의 목소리는 아름다운 교회를 꾸며 나갔다. 상상은 끝없이 펼쳐졌고, 교회는 우리 생각보다 쉽게 모든 것이 채워졌다. 동화 같은 은혜였다.

"나의 하나님이 그리스도 예수 안에서 영광 가운데 그 풍성한 대로 너희 모든 쓸 것을 채우시리라"_ 빌 4:19

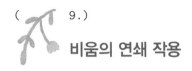

9

비움의 연쇄 작용

"새 길을 닦으려면 새 계획을 세워야지요! 나는 어제 일어난 일은 생각 안 합니다. 내일 일어날 일도 자문하지도 않아요. 내게 중요한 것은 오늘, 이 순간에 일어나는 일입니다."

그리스인 조르바의 말이다. 정말 간절하게 현재의 삶에 집중하고 싶었다. 제발 오늘 하루가 내일의 염려로 달려가지 않았으면, 만약 달려가더라도 하나님의 강권으로 멈춰 주셨으면 좋겠다 싶었다. 연약한 믿음을 표현하며 나약한 몸을 이끌고 비틀거리며 걷고 있었다.

분양한 상가의 내부는 그야말로 망연자실이었다. 철근 골조가 군데군데 튀어나와 있는 옹벽에다 아직도 편평하게 미장되지 않은 울퉁불퉁한 바닥, 전기마저 들어와 있지 않았기에 칙칙한 어둠이 내려앉으면 우리들의 교회는 사라져 버렸다.

인테리어 공사를 어떻게 해야 하나. 또 다시 산 하나가 우뚝 솟아올랐다. 여기저기 견적을 내봐도 천오백만 원을 거뜬하게 넘겼다. 우리는 또 이 빈손을 어떻게 채워야 할 것인가! 겨울의 계절은 성탄으로 가고 있는데 우리의 성탄은 오지 못했다. 홍해 앞에 서 있는 이스라엘 백성이 된 우리. 빈손이 채워지는 놀라운 은혜로 하나님을 사랑한다고 외친 지 얼마 되지도 않았는데, 어느새 기쁨은 사라지고 근심이 가득이었다.

또다시 할 수 없는 일이라며 주저앉았고 매일 기도했으나 날마다 신경전이었다. 2003년 1월 12일 개척예배가 정해졌지만 시작 방법을 알 수 없었다. 개척예배 날짜는 점점 눈앞에 다가오고, 이대로라면 돗자리에 촛불 켜놓고 예배를 드릴 판이었다.

절박함은 생각과 마음을 짓눌러 버렸다. 숨어버린 믿음이 불평을 쌓더니 얼굴을 잔뜩 찡그리게 했다. 그날 잔뜩 찡그러진 얼굴로 말없이 저녁을 먹고 있던 날, 큰딸이 물었다.

"엄마 아빠, 이제는 기도 안 해?"

나는 딸의 얼굴이 아닌 남편의 얼굴을 쳐다봤다. 그리고 자신 없게 대답했다.

"아니, 기도하는데 왜?"

다섯 살 아이는 남편과 나를 번갈아 봤다. 밥 한 숟가락을 입에 넣고 오물오물하다 꿀걱 삼키더니 "그런데 왜 화만 내?" 순간 멍해졌다.

아이의 입을 통해 하나님이 말씀하시는 것 같았다. 언제부터였을까? 하나님의 일하심을 기대하지 않는 굳어진 습성으로, 불평을 쌓아 둔 채 습관처럼 기도하고 있었던 것이.

사람과 사람 사이에는 퍼스널 스페이스(personal space)가 있어서 적정선을 유지하지 않으면 불편함을 느낀다고 한다. 그렇기에 관계성에 따라 달라지는 개인공간의 거리는 공동체 안에서 중요하게 생각된다.

그러면 하나님과 우리 사이에 퍼스널 스페이스는? 아무리 생각해도 용납이 불가하다. 우리는 작은 틈만 생겨도 세상에 적셔져서 믿음의 길을 쉽게 내버린다. 연약한 믿음으로 세상 속에 살고 있기에 매일 매순간 하나님 품안에 스며 있어야 한다. 하나님과 우리 사이에 퍼스널 스페이스가 생길 때 좌절도 불편함도 나타나기 때문이다.

딸아이를 통해 다시 공간을 좁히게 됐고 하나님의 날개 아래 들어갔다. 기도의 자리가 다시금 깊어졌을 때 기다리던 은혜의 물꼬가 열렸다. 남편이 사역했던 교회 여전도사님이 노후 자금을 깨뜨려 이백만 원의 헌금을 보내 왔다.

드디어 구불구불한 길을 타고 물줄기가 흐르기 시작했다. 오빠도 움직였다. 인테리어 가게 집사님에게 부탁하여 인건비만 받고 공사를 시작할 수 있도록 도왔다. 교회 옆에 목재소가 있었기에 모든 자재는 쉽게 구입할 수 있었고, 해남 형부가 각목을 만들어 트럭 한가득 싣고

왔다.

이백만 원의 기적이 시작되자마자 차량 헌금을 했던 집사님이 또다시 오백만 원의 인테리어 비용을 보내왔다. 천만 원이 훌쩍 넘었던 인테리어 견적은 팔백만 원에서 마칠 수 있었다. 오빠 교회 집사님의 헌신이 있었고, 지금은 돌아가신 형부의 도움이 있었기에 가능한 일이었다.

개척예배 날짜가 일주일도 채 남아 있지 않았는데 모든 일이 순조롭게 끝났다. 감사하게도 인테리어를 마친 교회는 아담하고 예뻤다. 옥상 위에 종탑도 세워졌고, 단상 위에 강대상도 제자리에 놓였다. 이제 텅 빈 공간이 아니라 하나님을 예배하는 장소가 되었다.

개척을 준비할 때 '사람을 의지하는 마음'을 버리게 하신 하나님이었다. 일 년 동안 개척을 준비하면서 시댁이든 친정이든 도움을 요청하지 않았던 것이 큰 은혜로 다가왔다.

교회 내부공사가 한참 진행될 때였다. 친정아버지 생신으로 온 가족이 오빠 집에 모였다. 가족이 둘러 앉아 과일을 먹을 때 해남 언니가 입을 열었다.

"크리스탈 강대상은 내가 할 거니까 너희들도 하나씩 맡아라."

갑자기 형제들이 서로 앉아 의논하기 시작했다. 순식간에 모든 것이 채워졌다. 1남 6녀 가족의 힘은 대단했다. 소파 가게와 공장을 함께

하고 있던 오빠는 손수 교회 의자를 만들어 줬고, 거래처를 통해 모든 성물을 구입했다. 오빠가 만든 의자는 20년이 흐른 지금도 여전히 도톰하다.

우리에게 개척예배를 기다리는 시간이 주어졌다. 믿음의 동역자들과 친정 가족의 사랑 덕분이었다. 생각해 보면 1년 동안 걸어온 길은 결코 쉽지 않았다. 믿음이 흔들리고 물질이 큰 산처럼 보이고 아무도 없을 것 같은 외로움이 순간순간 자주 찾아왔다.

남편과 마주보며 울었던 적이 한두 번이 아니었다. 그럼에도 이기고 나갈 수 있었던 것은 하나님의 사람들이 함께 걸었기 때문이었다. 자신들이 할 일을 믿음으로 보고 결단하며 함께 걸어가 줬다.

하나님 나라를 위해 헌신한 이들이 있었기에 새롭게 개척하는 목회자의 마음에 소망이 있지 않을까 싶다. 모든 것은 하나님이 하나님의 사람을 통해 일하신다. 하나님을 바라보고 걸어가는 길은 쉬울 수 있고 어려울 수도 있다. 그 길엔 한 가지, 순종밖에 없기에.

"그를 향하여 우리가 가진 바 담대함이 이것이니 그의 뜻대로 무엇을 구하면 들으심이라" _ 요일 5:14

10

다시 또 사랑

개척예배 날이었다. 설렘이 참 분주하게 움직이는가 싶더니 아침을 만들고, 그 아침 속에 드릴 예배가 떨림으로 가득 찼다. 우리들의 발걸음이 효성동 땅에 멈추고, 교회는 풍경 속에 녹아드는 날이 눈앞에 펼쳐졌다. 2003년 1월 12일이었다.

개척예배에 많은 분들이 왔다. 남편이 사역지가 없는 상태로 1년을 지냈기에 오히려 빈자리를 걱정했는데 80개 의자만으로는 턱없이 부족했고, 많은 분들이 체온을 가깝게 느끼며 예배를 서서 드려야 했다.

교회 안에는 하나님의 놀라운 섭리도 여기저기 숨어 있었다. 남편이 사역했던 모든 교회 목사님들이 성도들과 함께 오셔서 예배를 드리고 있었다. 사역의 과정 속에 마음에 큰 상처를 받았던 남편에겐 회복과 위로의 예배였다. 하나님 앞에서 진실 되게 행했음에도 빚어졌던 오해는 세월의 흐름과 상관없이 하나님의 법 안에서 바르게 해결되는 경험을 하기도 했다.

남편에게 상처를 남긴 목사님의 눈물의 사과는 곪아 있던 상처를 터지게 했고, 하나님 닮은 마음으로 아물게 했으며, 새살이 차오르게 했다. 용서하지 못해 마음이 괴로웠던 육신의 아픔은 개척 첫 날, 하나님의 사랑으로 깨끗해졌다. 하나님은 모든 것을 새롭게 시작하셨다.

축제 같은 은혜 안에 개척예배의 모든 일정이 마무리 되었다. 모두들 격려와 축복의 말을 남기고 삶의 영역으로 돌아갔고, 효성동엔 우리 가족 넷만 남았다.

공허함이나 외로움은 없었다. 하나님의 임재가 이끌고 있었기에 풍요로웠다. 한 교회를 이끌고 나갈 사역자로서 처음 맞는 주일예배는 설렘이 기다리게 했고, 두려움이 고개를 내밀지 못하도록 가슴 벅찬 은혜가 지켜주고 있었다.

우리는 개척을 준비하는 1년 동안 많은 교회를 다녀 봤다. 너무도 유명한 대형 교회부터 상가 작은 교회까지. 사역을 시작하면 경험할 수 없는 일이었기에 즐겁게 감사하며 예배 탐방을 하였다.

모든 크고 작은 교회가 다 그렇지 않았지만, 겉모습은 웅장하고 화려한데 안으로 들어가면 냉랭했고, 너무도 허름한데 들어서는 순간 따뜻한 은혜가 밀려오는 교회도 있었다. 하나님의 임재는 건물의 크고 작음이 아니라 그 안에 있는 하나님의 백성들의 믿음에서 풍겨 났다.

조그만 상가 교회였다. 세월이 지나다니며 흔적을 남긴 낡고 허름한 계단이었다. 3층에 위치한 교회에는 20명 정도의 성도들이 예배를 드리고 있었다. 장소가 협소한 탓에 설교 중에도 압력밥솥 밥하는 소리가 제법 크게 들렸다.

하지만 그 누구도 신경 쓰지 않았다. 성도들에겐 압력밥솥 밥하는 소리는 백색 소음인 것 같았다. 목사님의 설교에만 집중하며 아멘으로 화답하는 성도들의 모습은 작지만 큰 교회의 힘으로 느껴졌다. 남편과 나의 마음에 비전을 품고 일어섬을 경험케 한 교회였다.

첫 번째, 첫 주일의 예배시간이 왔다. 개척예배를 드리고 난 후 공식적인 우리들만의 첫 예배였다. 벅찬 감동의 예배가 될거라 생각했다. 여기까지 인도하신 하나님의 은혜가 아직 내 마음에 뜨겁게 남아 있었기에.

정말 뜻밖이었다. 빈둥지증후군처럼 은혜의 마음 한편에 공허한 마음이 들어섰다. 80개 의자에 우리 가족 넷만 있는 주일예배는 외로움을 포장도 하지 않고 곧바로 던져줬다. 남편은 강대상에서 나는 피아노 앞에서 여섯 살, 세 살 아이만 요란하게 움직이며 교회 안에 있었다.

개척예배를 드릴 때만 해도 찬양하고 기도하며 공간이 터져 나갈 듯 채웠는데 아무도 없었다. 알고 있었고 준비하고 있었지만 경험은 참 무서웠다. 삶 속으로 깊이 파고들어 와 불안을 툭 던져 놓고 사라져 버렸다.

"여보, 아는 사람도 없는 이곳에서 우리 어떡해! 겁이 나는 것 같아."

일순간 겁먹은 나에게 남편은 듬직하게 말해 주었다.

"믿음을 갖고 당신과 나, 아이들이 먼저 예배하자. 그러면 어느 날, 저 문을 열고 들어오는 성도가 있을 거야!"

가족이 한 마음으로 두려움과 맞서며 하나님을 향하여 걸어가는 것. 그렇게 우리는 예배하는 자가 됐다. 언젠가 교회 문을 열고 들어와 '전도사님, 사모님' 부를 성도를 맞이하는 기쁨을 기대하면서. 다시 또 사랑이었다. 마음을 관찰하는 것을 놓치지 않으며 서로를 향하여 몰입했다.

마음의 거리가 멀어지면 사역이 아닌 곤고함만 남는 여정이 돼 버린다는 것을 걸어온 과정 속에서 충분히 느끼고 경험했다. 부부의 사랑 외에 답이 없었다. 그 사랑의 힘이 서로를 격려하기에 더 가까이 하나님을 만난다. 오랫동안 텅 빈 교회를 가족만이 채웠고, 넘어지고 다시 일어서는 반복적인 삶에도 하나님의 손과 우리가 잡은 두 손을 절대 놓치지 않았던 것은 사랑 덕분이었다.

소망을 품은 사랑 안에서 사역의 길은 흘러 갈 수 있었다. 벌써 20년이 지나갔다. 이웃 하나 없었던 효성동 땅엔 이제 아는 이들이 제법 많다. 서로를 보며 인사하는 시간이 꽤 길어졌다.

처음 이 동네로 이사 왔을 때 낯선 이곳을 사랑하기 위해 남편과 함께 걸었던 기억이 난다. 낙후된 동네의 모습이 구석진 사람들이 살 것만 같아 살짝 무서웠다. 깜깜한 밤에 알 수 없는 이웃의 얼굴은 무섭고 두려운 존재일 수밖에 없었다. 이웃을 익혀두고 더 나아가 관계를 유지하면서 두려움은 조금씩 사라져 갔다.

지금은 여기가 참 좋다. 아마 나도 이제는 구석진 사람이지 않을까 싶다. 얼마 전 딸아이 교수님이 우리 동네를 지나가다가 "여기는 아직도 닭 키우고 소 키우냐?"라고 농담을 했다고 한다. 우리 동네는 꿩도 울고 부엉이도 운다고 말하면 어떤 표정이실까?

별 것 없는 작은 산길에서 불어오는 청신한 바람. 그 촉감이 몸에 새겨지는 것. 얼마나 큰 축복이며 행복인지 사는 이 외에는 알 수 없을 테니까. 피식 웃음이 나왔다.

이젠 이곳을 마음에 심었다. 가로등불이 꺼진 캄캄한 길에도 발이 안전하게 인도해 주고, 수많은 집들 사이에 듬성듬성 있는 교인들과 그 사이에 이웃들이 있다. 섬김과 어우러짐으로 좋은 열매를 맺고 거두길 바란다. 하나님의 손 아래 있는 사역. 지치지 않는 소망이 감사할 뿐이다.

"그러나 이 모든 일에 우리를 사랑하시는 이로 말미암아 우리가 넉넉히 이기느니라" _ 롬 8:37

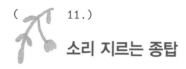

(11.)
소리 지르는 종탑

몇 년 전부터 태풍이 몰아치는 날이면 4층 건물 위에 있는 종탑에 눈이 자주 갔다. 기본 종탑보다 150센티 크게 제작된 종탑은 세워진 지 15년이 지났다. 옥상에 올라가 가끔씩 확인해 보면 외관이 멀쩡하니 문제 없어 보였다. 그런데 요 며칠 자꾸 신경이 쓰인다. 노후된 종탑으로 인한 사고가 방송 뉴스에 보도돼서 그런지도 모르겠다. 만약에 종탑이 쓰러져 버리면 도로 쪽이든 빌라 쪽이든 모두 위험한 상황이었다.

불안한 심리로 인해 비를 동반한 태풍이 부는 날이면 모든 신경과 촉각이 곤두섰다. 철거도 생각해 보았지만 비용이 만만치 않아서 결정하지 못했다. 안전 불감증과 섞여 있는 근심은 현실과 타협했고, 태풍 부는 날엔 가슴 졸이고 햇살이 눈부시게 빛나는 날이면 언제 그랬냐는 듯이 괜찮을 거라고 마무리 지었다. 그렇게 우리는 몇 달을 보내고 있었다.

교회 상가 2층에 새로운 주인이 들어와 식당을 오픈했다. 오랫동안 공실로 비어 있던 2층 상가에 불빛이 새어 나오니 삭막함은 사라지고 이웃의 포근함이 다가왔다. 주인은 식당 한켠에 방을 만들어 주거를 하며 살았다. 점심시간에 한 번씩 사 먹는 김치찌개와 도톰한 생 삼겹살은 일품이었다.

그날은 아침부터 분주했다. 목양실 책 정리로 인해 서두름을 발등에 실었기 때문이다. 많은 책들과 잡동사니가 부족한 공간에 쌓이다 보니 책이 아닌 종이 쪼가리로 변해 있었다. 누런 먼지와 쉼 없는 잔소리가 남편의 손과 발을 열심히 움직이게 했다.

구석구석에 짱박혀 있던 책들이 생각보다 많았다. 정신없이 책 정리에 집중하다보니 점심시간을 훌쩍 넘어 이층 식당에 올라갔다. 노동을 통한 배고픔은 칼칼하고 개운한 김치찌개를 순식간에 사라지게 했다. 후들거리는 손이 무색할 정도였다. 맛있는 배부름을 느끼며 달달한 믹스커피를 마시며 한숨 돌릴 때 사장님이 주방에서 나왔다.

"목사님! 어젯밤 바람에 종탑이 많이 삐걱거렸어요. 한번 확인해 보시는 게 좋을 것 같습니다."

종탑이 있는 옥상으로 갔다. 육각형 모양의 철근 골조에 철판으로 씌워 놓은 종탑은 몇 달 전 그대로 밑 부분만 녹슬었을 뿐 그대로였다. 2층 사장님이 혹 다른 소리를 듣고 착각한 것이 아닐까라는 생각마저 들었다.

15년 전 이곳에 종탑을 세워 놓고 불 켜진 십자가를 보기 위해 저녁을 기다렸다. 가까운 곳에서도 쳐다보고 좀 더 먼 거리에서 보고 싶어서 길을 걸었던 적이 한두 번이 아니었다. 그 십자가 불빛에는 발자국, 눈물, 환희, 은혜, 사랑, 축복, 우리의 1년의 여정이 고스란히 채워져 효성동 땅에서 빛나고 있었기 때문이다.

낯선 것에서 익숙했던 것이 친밀하게 다가오고 그 익숙함에서 또 다시 새로움이 오듯이 종탑도 그러했다. 우리들의 마음에 익숙하게 자리 잡은 종탑은 그전보다 많은 눈길을 받지는 못했으나, 마음에 근심이 쌓이는 날엔 늘 우리의 시선 끝에 머물러 있었다.

하나님의 새로운 은혜가 십자가 불빛에서 전해지기도 했다. 작은 상가 교회 옥상에 세워져 있는 것만으로도 큰 은혜였고 힘이었다. 우리와 함께 효성동을 바라보고 있던 종탑. 세월의 풍파를 온몸으로 받으며 안전하게 서 있을 거라 생각했는데 삐걱거리는 소리가 요란하다고 한다. 생각해 보니 우리만큼 종탑도 나이를 먹었다. 종탑을 두드리며 남편이 말했다.

"여보. 괜찮을 거 같지 않아?"

"그러게. 좀 더 견딜 수 있을 것 같기는 한데."

옛것에 들어 있던 그 시절 그 감정을 보내기 싫었던가! 새삼스레 함께 머물렀던 세월을 붙잡고 싶었다. 우리는 조금 더 지켜보기로 하고, 옥상 주위를 한 번 휘이익 둘러봤다. 순간 햇빛을 받아 반짝이는 곳이 눈에 들어왔다.

전날 바람을 동반한 비가 왔지만 비의 양이 많지 않았기에 옥상은 다 말라 있었다. 그런데 햇빛에 반사됐던 그곳엔 물이 제법 고여 있었다. 옥상 바닥이 평평하지 않아서 비가 오면 물이 그 쪽으로 모아지는 것 같았다. 조금 전 종탑 상태를 확인했을 때도 이 물을 분명 봤을 건데, 왜 대수롭지 않게 생각했을까? 다시 종탑 밑으로 다가가 좀 더 자세히 들여다봤다. 몇 달 전에 녹슬었다고 했던 그 자리였다.

"여보, 물이 고여 있잖아. 그럼 부식이 많이 진행되었을 텐데."

"생각해 보니 이곳엔 늘 물이 고여 있었어."

마침내 종탑을 철거했다. 전 날 비가 내려 먼지까지 깨끗하게 씻겨 내려가 더 안전하게 보였던 종탑. 육각형의 철근 골조 위에 여섯 개 기둥을 감싸고 있던 철판을 분리했더니 안에서 뼈대가 녹아 있었다. 종탑의 무게를 지탱하고 있던 육각형의 철근 골조 중에 두 개가 힘없이 부서져 있었다. 2층 사장님이 들었던 삐걱대는 소리는 종탑이 더 이상 버틸 수 없다고 경고를 보낸 신호였다.

철거하던 날 긴장해야 했던 인부들, 종탑에 달려 있던 작은 사다리로 올라가 종탑 끝에 밧줄을 묶어서 해체 작업을 하면서 "목사님, 큰일

날 뻔하셨어요. 강한 태풍이 불었으면 도로 쪽으로 넘어졌을 겁니다."
하나님의 도우심이 크다며 연신 되뇌었다.

그분들은 종탑 철거를 하러 전국을 다닌다고 했다. 옥상에서 종탑을 봤을 때도 외관이 깨끗해 철거가 쉬울 거라 생각했는데 이 정도로 부식이 심할 줄 몰랐다고 했다. 세월 묻은 커다란 십자가는 쿵 소리와 함께 옥상 위에 내려앉았다. 양 팔 벌려 안으면 내 품에 쏘옥 들어올 것 같았던 십자가, 까만 밤하늘에 빨갛게 빛나던 십자가는 그렇게 사라졌다. 빈자리로 남았다.

인부들이 떠나고 난 뒤, 철근 부스러기들이 시커멓게 떨어진 곳을 빗자루로 쓸면서 마음이 뒤숭숭했다. 눈을 들어 하늘을 봤을 때 빨갛게 빛내던 15년지기 십자가가 사라졌다니. 세월에 녹슬었다며 인생의 뒤안길이 되고 말았다. 아주 아픈 이별을 한 것 같은 슬픔과 허전함이 몰려왔다. 휑한 바람만이 옥상을 지나갔다. 벌써 5년이나 지났다.

며칠 전 바람이 세차게 불었다. 아직도 아쉬움이 남았는지 교회 옥상을 습관적으로 보면서 종탑 이야기를 자주 한다. 상가 교회의 외관이 허름해지고 그 모습 속에 종탑도 함께 있을 줄 알았는데, 재정적 어려움으로 종탑을 다시 세우지 못했다. 철거된 종탑 자리엔 그 간절한 바람만 덩그러니 놓여 있다.

언젠가 누군가에게 개척 20년 사역에 대해 질문을 받는다면 어떻게 대답할 것인가. 한 가지 밖에 떠오르지 않았다. 눈물이 메마르지 않는 기도를 했다. 하나님 앞에서 나를 드러내며 울고 또 울면서 겉사람도 속사람도 모두 보여 드렸다.

나의 뜻대로 살아가는 삶을 살면서 스스로 만든 고통을 연단이라고 말하는 어리석음에 빠지지 않으려고 했다. 하나님 앞에 있는 고통인지 아닌지 분별하기 위해 말씀과 기도하는 삶을 붙잡으며 노력했다. 다시 이 길을 걷는다면 똑같은 선택을 하지 않을까. 기도하며 외칠 수 있는 교회에서 민낯으로 하나님 앞에 서는 것만큼 좋은 일은 없었으니까.

종탑이 철거되던 날, 녹슨 십자가와 안으로 부식된 철재들은 낡은 옷을 보여주며 트럭과 함께 사라져 갔다. 화려한 겉모습으로 살아가면서 안으로 병들어 있음을 하나님 앞에 고백합니까?라고 질문 하나를 현재의 삶에 던져주고 갔다.

"하나님의 말씀과 기도로 거룩하여짐이라" _ 딤전 4:5

CHAPTER 4

기쁨을 선점하세요

1.)
가끔은 엉뚱하게

산 아래에 건축한 지 30년이 넘는 아파트에서 우리 가족은 고양이들과 함께 살고 있다. 반려묘와 성인 네 명이 살기엔 작고 좁지만 이 집에 만족한다. 둘째 언니가 목회하는 동생을 위해 매입해서 살게끔 해 줬다.

수없이 많은 이사와 허름한 집을 거치며 살았다. 삐뚤어져 덜렁거리는 싱크대 문은 기본이었고, 오래된 창틀의 틀어짐 또한 당연한 거였다. 결로가 심해 방안으로 스며들어 곰팡이는 여기저기 피어났다. 생각해 보니 벽지도 자주 닦아 냈고, 단열재를 구입해서 붙이기도 많이 붙였다.

지금은 현관문을 열어 두진 않지만 그 시절엔 공기 순환을 위해 현관문이 늘 열려 있곤 했다. 새삼 안산 지하방에서 이웃과 함께 먹던 점심밥이 생각났다. 순간을 미소 짓게 하는 나의 이웃들이었다. 아마 세월이 주는 그리움이 열악한 환경이나 어려움을 덮어 버린 것 같았다. 이웃에 대한 정겨움이 인생을 아름답게 채운다.

이 집으로 이사 왔을 때 처음 해본 것이 많았다. 벽지, 장판, 싱크대, 그리고 새시. 모두 새롭게 했다. 동생을 위해 언니는 노후된 아파트 흔적을 털어내고 쾌적하게 살도록 배려해 주었다. 화장실 공사부터 배수관에 이르기까지 모두 다 교체했다.

긴 세월 동안 서러움과 근심이었던 것들마다 환호성으로 바뀌었다. 언니 덕분에 힘들었던 이사에서 빛나는 졸업식을 할 수 있었다. 교회와 가정에 이사가 사라진 것이 마음에 큰 평안이었고, 가족의 일상을 활기차게 만들었다. 담고 채워야 한다고 생각했던 불안한 삶에 안정감이 찾아왔다.

그 안정감은 아이들에게 무엇을 해야 할지 고민할 만큼 여유로 다가왔다. 그때부터 어린이날이나 성탄절만 보여줬던 영화가 가족이 함께하는 취미가 되었고, 유일한 문화생활로 자리잡았다.

영화는 아이들과 대화를 나눌 수 있는 소통의 도구가 되었다. 영화를 보고 난 후 관람평을 나누는 일은 사뭇 진지했다. 딸들의 상상력과 창의력은 영화 속 세상을 만나며 커져 갔고, 함께 나누는 대화에서 자신들만의 생각을 만들었다.

언어의 직관이 통하기 시작하면서 대화는 더 풍요로워졌다. 시적 상상력과 은유와 함축의 의미를 가진 단어들이 어색함 없이 대화 중에 나타났다. '나무가 말을 걸어온다.'라고 말하면 '왜 말을 시킬까?'라고 되묻는 언어의 유희가 생겼다. 소통과 공감이 집안에서 화목을 만들었고, 신앙의 뿌리도 같이 깊이 내려갔다.

얼마 전 오랜만에 영화관에 갔다. 작은 딸이 부모님과 함께 꼭 보고 싶다며 추천한 영화였다. 〈어나더 라운드(Another Round)〉, 삶에 열정이 사라져버린 중년 남자의 무기력한 인생과 공허한 눈빛을 보여주더니, 위기에서 벗어난 후 다시 찾은 부부의 사랑을 온몸으로 표현하는 한판의 춤도 있었다.

우리 부부가 중년의 길을 걸어가고 있어서인지 영화는 특별하게 다가왔고, 영화관에 나란히 앉아 있는 가족의 모습에서 상대적 감사도 함께 왔다. 돌이켜 보면 가장 마음을 어렵게 한 것은 집이었다. 부족한 보증금을 가지고 교회 주변으로 이사해야 했고, 집을 구하는 과정과 빈번한 이사는 사역과 삶을 무겁게 짓눌렀다. 집에서 살면서 집을 걱정하고 살았다.

포장이사 비용이 없어서 일반이사를 했던 날이 생각난다. 집사님 내외분이 이사를 도왔다. 오래된 집에 낡은 유리창은 힘이 없어 위험한 존재였다. 남자 집사님이 창틀이 틀어져서 잘 빠지지 않는 유리창을 힘주어 빼내다가 사고가 났다.

낡은 유리창이 반으로 깨지면서 아랫부분 유리는 집사님 발밑으로, 위에 남은 조각은 집사님 팔목 위로 그대로 떨어졌다. 남편은 피가 나는 집사님 팔목을 잡고 급히 병원으로 향했다. 다행히 상처가 깊지 않았다. 유리창이 낡아 떨어지는 속도가 느렸기 때문이었다. 모두의 가슴을 쓸어내려야 했던 아찔한 순간이었고 하나님께 감사한 날이었다.

십여 년이 넘게 이 집에서 살고 있다. 집안 곳곳에는 아이들과의 추억이 제법 많이 쌓였다. 딸들은 작은 공간 속 규칙 안에서 자신의 역사를 기록하며 현재의 시간을 만들고 있다.

인간의 삶이 비참하고 혼란스러운 가장 큰 이유는 소유물이 곧 나 자신이라 착각하기 때문이라 한다. 그렇기에 더 부자가 되고 더 유명해져야 행복할 거라 상상하게 되고, 현실의 불만으로 인한 탐욕과 허영이 생긴다고 한다.

그래서 기도할 수밖에 없다. 절제력을 통한 이성과 지성으로 신중한 삶을 살아가길. 모든 것을 신앙 아래 내려놓고 하나님의 땅에서 하나님을 믿는 믿음, 존재의 넉넉함으로 마음을 지켜 가길 말이다.

집은 가정과 사역에 안정감 있는 속도로 걷게 했다. 흔들림은 잦아들고 사랑은 키워졌으며 평안한 쉼으로 자리잡았다. 신앙의 전달 기능도 두 딸과 함께 나누게 되었고, 비전을 공유하는 역할 기능도 잘 할 수 있게 되었다. 가장 작은 교회도 함께 왔다. '집이 행복을 결정하고, 집이 백년을 좌우한다'는 유현준 건축가의 말처럼 집은 가정과 사역에 있어서 최적의 조건이 되어 주었다.

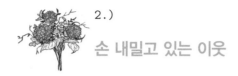

2.)

손 내밀고 있는 이웃

여행지에서 만난 이들의 일상은 이상하게 특별하게 보인다. 콩나물을 손질하고 시금치를 다듬는 모습도 운치가 있다. 특히 시골집 마루에서 바라보는 풍경은 더 그러하다. 어릴 적 부모가 나도 모르게 슬며시 투영된다. 오래된 일이지만 낯설지 않은 삶에서 마음도 생각도 웃게 된다. 여행이 주는 참 맛일 것이다.

여행지에서의 일이었다. 전날 폭설이 내려 길은 엄청 미끄럽고 위험했다. 강원도 산골 이름 모를 마을을 지나가다 차 앞바퀴가 구덩이에 빠져 버렸다. 남편이 차를 빼려고 하면 할수록 헛바퀴를 돌면서 눈 섞인 흙만 뿌려댔다. 강원도 바람은 왜 그렇게 차가운지. 연장 하나 없던 우리는 강원도 산골에서 발만 동동 구르며 어찌할 바를 알지 못했다.

트럭 한 대가 스쳐 갔다. 간절하게 붙잡고 싶은 심정이었다. 하염없이 쳐다보는 우리 눈에 트럭이 멈춰 섰다. 한 남자가 성큼성큼 다가오는데 그의 손에는 여러 가지 공구들이 들려 있었다. 강원도 사투리 억양이 강한 말투와 과하지 않은 행동을 보이면서 도와주겠다고 했다.

남자는 남편과 함께 차바퀴를 구덩이에서 빼내기 위해 갖가지 방법을 동원했다. 몇 번의 시행착오 끝에 차바퀴는 구덩이에서 무사히 빠져나왔다. 남자의 옷은 눈 섞인 흙탕물이 튀어서 여기저기 더러워져 있었다. 찬바람에 조금씩 얼어가는 옷을 툴툴 털더니 미처 감사하다고 할 겨를도 없이, 트럭에 올라앉은 남자는 조심히 운전하라는 짧은 인사말을 남기고 유유히 사라졌다.

"여보, 저분 옷도 다 젖었는데 그냥 가셨네."

"그러게 말이야. 오늘 저분이 천사였어."

한 남자에게 선한 마음을 봤다. 우리에겐 특별한 도움이 그에겐 당연한 일인 듯 보였다. 무표정했으나 따뜻한 마음씨. 아무런 생색도 대가도 없이 스스로 다가와 손잡아 주던 그의 행동 하나하나가 메마른 우리 목회에 깊게 심어졌다.

"여보, 우리 사역을 한 번 뒤돌아보는 게 어때?"

남편이 물끄러미 나를 쳐다봤다. 그리곤 아무 말 없이 남자가 사라진 쪽을 응시했다. 차 안은 따뜻했고, 주변의 풍경이 슬며시 시야에 들어왔다. 삶의 보석을 발견하는 창조적인 삶을 살려면, 일상과 자연을 아름다운 눈으로 바라봐야 한다고 했던가! 강원도 산등성이 민낯 위에는 하얀 목화 꽃이 듬성듬성 입혀져 있었다. 따사로운 햇빛은 쌓인 눈을 녹여 주어 군데군데 살얼음이 반짝이는 낙엽을 보여줬다.

나무 얼개들만 있는 강원도의 겨울 산은 봄을 알리기에는 아직 이른 시기였다. 찬바람은 나무들 사이를 휙휙 지나다녔고, 거침없이 빠른 바람 길이 지날 때마다 더 추웠다. 어릴 적 동네 앞산과 뒷산에 뭉쳐 있던 겨울 추위를 그대로 가져다 놓은 듯했다. 하지만 누가 뭐래도 겨울 산은 추워야 제 맛인 것 같아 정겹기만 했다.

차바퀴 사건으로 얼었던 몸이 히터에 스르르 녹았다. 따뜻한 차 한 잔의 간절함이 트럭이 지나갔던 길을 따라 달리다가 아담한 커피숍이 보이는 순간, 마음이 먼저 달려갔다. 출입문에 풍경은 여행객의 마음에 앉아 찰랑찰랑 맑고 고운 소리를 내며 흔들렸다.

실내 공기 덕분인지 온몸을 휘감는 피로가 느껴졌다. 따뜻한 아메리카노를 주문하고 테이블로 가는데 낯익은 사람이 있었다. 조금 전 트럭 운전자 그분이었다. 그 남자는 지인들과 함께 차를 마시고 있었다. 어쩌다 우리와 두 눈이 마주쳤는데 살짝 눈인사를 하더니 다시 그들과 이야기를 나눴다.

반가운 마음에 다가서려다 발길을 멈춰 섰다. 그들의 분위기가 사뭇 진지했다. 커피를 마시는 동안 마음을 표현할 방법을 찾았지만 마땅히 할 일이 없었다. 망설이기만 하다 커피숍을 나와서 차를 향해 걸어가는 내내 우리 마음이 불편했다.

흙탕물로 더러워진 옷을 입고 진지한 이야기를 나누던 남자의 모습, 시골 커피숍에서 낯선 고마움이 더 깊이 우리에게 파고들었다. 왜 생각하지 못했던 걸까? 예쁘게 포장이 된 강원도 특산물이 차 뒷자석에 있었다. 지인이 준 선물이었다.

남편은 다시 커피숍을 향했고, 카운터 직원에게 선물을 맡기며 전해 달라고 부탁했다. 강원도의 겨울바람을 따뜻한 봄바람처럼 맞으며 걸어오던 남편의 발걸음은 가볍고도 가벼워 보였다.

한 사람의 선한 영향력은 목회하는 동안 큰 여운으로 남았다. 생각해 보면 이웃과 함께 걸어가는 길엔 많은 말이 필요치 않다. 사랑을 담은 행함이 필요할 뿐이다. 천천히 살피고 천천히 걸어가면서 깊이 귀 기울이면 삶의 질문도 함께 찾아온다. 오늘 우리의 이웃은 어떤 어려움 앞에서 나를 향해 손 내밀고 있는지!

마음의 소리에 귀 기울여 내 것을 조금 내어 놓으면 숨어 있던 행복이 찾아온다. 혼자가 아닌 함께하는 삶이기에 성장하는 기쁨을 주고 내면을 환하게 비춘다. 우리의 사역 위에 선을 행하는 일들이 더욱더 많아지길 소망하는 밤이다.

3.)

뽀골뽀골 곱창전골

교회를 청소하다 먼지 쌓인 통기타를 봤다. 코로나19 여파로 예배를 마치면 곧바로 헤어지다 보니 기타 혼자 먼지 옷을 입었다. 성도와 함께 점심을 나누며 교제를 누릴 때, 우리들 수다 뒤편에는 늘 박 목사님의 기타 소리가 있었다. 가끔씩 코드를 틀리며 멈칫하는 기타 소리, 통기타 라이브 카페에서 믹스커피 마시는 느낌이라고나 할까? 그 모습이 사라져 버린 지 오래였다.

마른 수건으로 기타 먼지를 닦았다. 튜닝을 해보니 음은 그대로인데 기타 줄이 녹슬었다. 목양실에 있는 남편에게 찬양 한 곡을 쳐 달라고 했더니 하던 일을 멈추고 벌떡 일어선 남편이 연주를 시작했다. 아주 격렬하게 몸을 움직인다. 기타 치는 시늉이 대단했다.

남편의 기타 실력이 저 정도라면 세계를 연주하고 다녀도 될 듯하다. 여보, 전자기타를 쳐 달라고 한 게 아니야. 통기타라구. 오랜만에 남편의 오버액션에 농담으로 맞장구치며 반겼다. 가족의 마음을 위로 한다며 엉뚱하게 웃게 만들곤 했던 남편의 익살스러움이 요사이 뜸했으니까. 그만큼 남편도 힘들었겠지.

목양실에서 폼 잡고 나와 휴게실에 있는 기타를 잡는 남편. 찬양 집을 이리저리 뒤지더니 기타를 치기 시작했다. 역시! 남편 실력은 녹슬지 않았다. 찬양은 은혜롭게 달리고 먼지 묻은 기타는 기력이 쇠하였다. 참 잘도 쉬어 간다. 기대했던 모습에 웃음이 튀어나왔다.

몇 년 전 손가락 마디가 아파서 대학병원에 갔다. 마디 사이의 간격이 좁다면서 손가락에 무리한 힘을 주지 말라는 진단을 받았다. 그 이후로 자연스럽게 피아노와 기타가 손에서 멀어졌다.

남편의 엉성한 기타 소리를 듣고 있으니 마음이 발을 움직였다. 슬며시 일어나 기타를 들고 스트로크의 음률로 기타의 묵은 때를 벗기고 기타 연주가 어설픈 남편의 공백을 채우고 싶었다.

음악에서 두 음이 정확히 똑같은 것을 동음이라 한다. 반면 두 음이 똑같지 않아도 듣기에 좋은 것이 협화음이다. 그리스인들은 포도주와 꿀처럼 혼합되어 서로 구별할 수 없을 정도까지 뒤섞여졌을 때 협화음이 나온다는 글을 읽은 적 있다. 음들 사이의 관계가 가장 단순한 상태로 존재할 때 협화음이 이루어진다는 것이다.

똑같지 않은 두 감정의 강도를 서로 비슷하게 맞추고 조화와 화합을 이루려고 하는 관계의 노력, 똑같은 감정의 일치보다 깊은 공감을 끄집어내어 위로와 위안을 받으며 세상과 동행하는 삶. 사람의 관계가 협화음이 된다면 우리가 바라는 최상의 결과이지 않을까.

우리 교회, 가족이 함께 있는 하나님 나라에 기타 소리와 찬양이 울려 퍼졌다. 그러더니 사랑이 협화음 되어 추억이 찾아왔다.

"여보! 기억 나. 우리 첫 데이트?"

남편과는 청년 시절에 같은 교회에 있었다. 청년 담당 전도사와 소속 교회 유치원 원장. 교회 사역에서 함께할 일들이 많았다. 많이 부딪치며 일하다 보니 마음이 움직였고, 남편이 사역을 그만 두고 난 후 만나게 되었다.

첫 데이트 시작은 어색했다. 전철을 타고 안산에서 안양으로 향하는데 전도사와 청년으로 보낸 시절 때문인지, 마음이 갈팡질팡하며 뒤늦게 따라왔다. 서로를 향한 이야기보다 전철 밖을 보는 시간이 더 많았다.

안양에 도착해서 영화를 봤다. 그리고 늦은 점심을 먹으러 갔는데 그 골목길이 이상했다. 식당을 들어서는 초입에는 삶은 돼지 부속물이 가게마다 잔뜩 쌓여 있었다. 돼지머리, 족발, 순대, 선지피, 이런 길거리가 있었구나 싶었다. 좌판에 진열된 상태로 길거리에 있었기에 내 눈에 마냥 불결해 보였다.

안양 곱창전골 골목이었다. 꽤 유명하다는데 왜 유명한지 도무지 알 수 없었다. 비위가 약한 나는 골목길에 들어서는 순간 식욕이 달아나 버렸다. 남편은 익숙하게 한 가게로 들어가더니 자리에 앉자마자 곱창전골을 주문했다. 한 번도 먹어 본 적이 없었던 생경한 음식이었다.

텔레비전에서나 볼 수 있었던 선술집 테이블에 곱창전골이 올려졌다. 보글보글 끓고 있는 곱창전골. 깻잎과 야채를 겨우겨우 건져 먹는 나와는 다르게 남편은 땀까지 흘러가며 음식을 먹었다.

하지만 말은 많지 않았다. 경험한 적이 없는 장소에서 기시감을 느끼며 주위를 둘러보다 생각 하나를 붙잡았다. 남편에게 들었던 그 장소인 것 같았다. 신학생 옷을 골목길에 던져 버리고 곱창전골을 먹으며 흥청망청 즐겼던 남편의 과거가 있는 장소. 하나님께 반항하던 남편의 청춘이 묻어 있던 골목인 듯했다.

조금은 아찔했다. 하필 첫 데이트 음식이 곱창전골이며, 왜 이곳에 데리고 왔을까? 어색함이 말문을 닫아 버렸기에 궁금증만 맴돌았다. 순간 일이 벌어졌다. 남편이 국자를 잘 못 들어서 하얀 블라우스에 전골 국물이 뿌려졌다. 급격하게 당황해 하는 남편을 향해 괜찮다면서 물수건으로 옷을 닦았다.

참 부산스럽게 첫 데이트의 첫 끼를 먹었다. 식당을 나오는데 힘들었다. 혼란스런 생각과 무거운 몸을 느끼며 터벅터벅 골목길을 걸어 나올 때 나지막한 남편의 목소리가 들렸다.

"오늘 하루 서툰 나에게 맞춰줘서 고맙습니다."

나는 남편을 물끄러미 쳐다봤다. 얼굴의 근육이 마음대로 되지 않는지 웃는 모습이 어색했다. 그날 남편은 진흙탕 같았던 과거의 장소에서 방황에 종지부를 찍었다고 한다. 하나님이 기도로 맺어주신 이 사람과 함께 다시는 흔들리지 않고 사역의 길을 갈 거라고 다짐했다고.

하얀 블라우스에 빨간 전골 국물이 묻은 옷은 그렇게 사랑의 시작점이 되었고 설렘이 되었다. 서로의 부족함을 보듬으며 웃고 있는 우리의 모습에 평생 함께 갈 협화음의 멜로디가 은은하게 흘렀다.

이렇게 먼지 묻은 기타에서 나온 음률이 과거의 우리 부부를 툭 건드렸다. 어색했지만 달콤했던 첫 데이트의 추억을 풋풋한 기쁨과 생동감으로 전해줬다. 추억이 많다는 것은 부부의 삶에 큰 축복이구나 싶다.

요즘 들어 남편 얼굴을 가만히 보는 일이 많다. 하나님을 향해 늙어가고 있는 남편의 눈꺼풀이 고개를 숙였다. 세월의 흐름이 보인다. 지금 우리는 청춘의 시절에 만나 중년의 삶을 걸어가고 있다. 정말 감사하게도 지금을 사랑한다. 아마 이 사람이 늘 옆에 있기 때문일 거다.

질퍽한 진흙 길을 단단한 길처럼 걷게 해 주고, 미끄러운 빙판길을 가볍게 딛도록 자신의 손과 힘을 빌려주는 사람. 함께 사역하며 걸어가는 여정에서 기쁨은 늘 남편과 함께 온다. 같이 늙어 갈 세월이 기대가 된다.

4.)

기쁨을 선점하세요

　딸들의 뒤통수가 예사롭지 않다. 컴퓨터 모니터에 시선을 고정한 채 오른손을 마우스에 장착하고, 초를 재며 기다리는 오후 한 시! 두 딸의 손가락이 급하게 움직였다. 타다닥 타다닥 타다닥! 모니터 속 인터넷 창들이 재빠르게 깜박였다. 시간도 긴장했는지 마우스 손끝에 떨림을 붙잡았다.

　"꺄아악, 엄마. 성공했어!"

　흥분을 감추지 못한 딸들이 의자를 박차고 나를 향해 돌진했다. 역대급 소프라노 음성. 집안이 환희로 가득 찬 순간이었다. 비밀에 둘러싸여 소곤거릴 수밖에 없었던 기쁨이 싱그러움으로 터지면서 부모의 손에 도착했다. 가족이 함께할 뮤지컬 티켓이었다. 두 딸은 두근거림과 설렘으로 가족의 기쁨을 선점하고 있었다.

　딸들이 말했다. 가족이 함께 뮤지컬 공연을 보고 싶어 티켓 값을 모으려 하니 자신들의 형편이 어려웠다고. 시작도 못할 것 같아서 포기하려다 생각을 바꾸어 한 사람 것부터 준비하기로. 몇 개월 동안 조바심을 내지 않고 부모와 함께할 시간을 위해 조금씩, 천천히, 앞만 보았다고 한다.

딸들은 거머쥔 티켓을 보며 서로 대견하다며 웃는다. 나의 눈, 내 마음에도 행복이 가득 찼다. 그 순간 베포! 미하엘 엔데(Michael Ende)의 동화소설 〈모모〉의 '베포 청소부'가 떠올랐다. 리듬을 타고 날아와 가족들의 티켓 위에 사뿐히 내려앉으며 말했다.

"때론 내 앞에 긴 도로가 있어. 너무 길어 도저히 할 수 없을 것 같은 생각이 들어. 그러면 점점 서두르게 되고 불안하게 되고 긴장하게 돼서 나중엔 숨이 막혀서 더 이상 빗질을 할 수 없게 되지. 그러면 안 되는 거야. 한꺼번에 도로 전체를 생각하면 안 돼. 다음에 딛게 될 걸음, 다음에 쉬게 될 호흡, 다음에 하게 될 빗질. 계속해서 다음 일만 생각해야 하는 거야. 한 걸음 한 걸음 나가다 보면 어느새 그 긴 길을 다 쓸었다는 것을 깨닫게 되지. 그게 중요한 거야."

다음에 딛게 될 걸음, 다음에 쉬게 될 호흡, 다음에 하게 될 빗질, 결코 짧지 않았을 다음 또 다음 일. 딸들이 걸어왔을 길이었다.

공연 당일, 가장 멋진 옷을 입고 서울로 향했다. 만석으로 가득 차 있는 공연장에서 딸들의 수고로움이 깃든 좌석에 앉아 뮤지컬 공연을 관람했다. 공연은 상상 이상이었다. 배우와 앙상블의 하모니와 오케스트라 연주, 시시각각 변하는 무대장치, 화려한 의상들. 보지 못했다면 느낄 수 없었던 상상의 한 조각을 무한감동으로 얻었다. 두근거리는 내 심장 또한 붙잡아야 했다.

공연을 마친 배우들에게 커튼콜! 수많은 관객들이 인사하는 배우를 향하여 뜨거운 갈채를 보내며 공연장을 뜨겁게 채웠다. 끝없이 들리는 박수 소리와 환호성, 그리고 떨림으로 다가온 딸들에 대한 고마움, 가슴을 온통 뭉클하게 만들었다.

나의 뜨거워진 시선에 무대 끄트머리에 서 있던 한 사람이 보였다. 굽어진 허리를 펴고 깨끗해진 길을 뒤돌아보고 서 있던 청소부 베포였다. 고단한 내일의 삶일지라도 그 내일을 기다리고 있노라며 나를 향해 웃더니 손 인사를 크게 하고는 뒤돌아섰다.

한 걸음 한 걸음 다음 일만 생각하며 삶을 만들었던 베포 청소부. 그를 기억하며 걷다 보니 두려움이 점점 사라지고 내일이 웃으면서 성큼 다가왔다. 사랑하는 내 딸들과 함께. 누군가가 그랬다. 20대는 사람을 배우고, 사회를 배우고, 인생을 배워야 하는 시기라고. 20대의 인생을 배워 가기 전에 부모의 목회가 짐이 되어 딸들의 꿈을 포기할까 봐 한때는 걱정을 했다.

자식이 대학에 들어가면 콩나물시루에서 물 빠지듯이 돈이 빠져 나간다고 어느 목사님에게 들은 적이 있다. 당장 눈앞에 일이 아니었 는데도 덜컥 겁을 내었다. 불안한 미래가 삶의 전체가 돼 버리더니 세 상에게 시간을 지불하고 염려를 선물로 받아 버렸다. 연약한 마음은 참 멀리도 내다보곤 했다.

"내일 일은 내일이 염려할 것이요 한 날의 괴로움은 그 날로 족하 다"는 말씀은 잔바람에도 너무 쉽게 흔들렸다. 딸들은 달랐다. 참 멋지 고 당당하게 인생을 만들어 갔다. 자신들의 대학 생활을 위해 열심히 공부하며 장학금을 받고, 아르바이트와 카카오톡 이모티콘을 출시하 면서 자신의 능력을 발휘했다.

선물 받은 근심 걱정으로 그렇게 많이 부딪치며 왔건만 나에겐 콩 나물시루의 물같이 돈이 빠져나갈 일은 존재하지 않았다. 모든 것을 스스로 책임져 주는 고마운 딸들과 그 청춘에게 미안한 부모의 마음. 서로를 향해 감사와 격려를 표현하며 가족의 이름으로 계절을 걸어 준 희망이 있었다.

그렇다고 삶이 다 아름다웠겠는가. 두 딸도 힘들었겠지. 부모 도움 없이 스스로 책임지는 삶은 녹록하지 않았으리라. 주변에서 비교된 삶 을 통해 시시때때로 낙심했고, 가난이 자신의 발목을 잡은 날이라면서 무거운 말들을 가볍게 툭 하던 날도 있었다. 하지만 불만과 불평 속에 자신을 가두진 않았다.

천근의 쇳덩이를 우산 위의 가벼운 눈처럼 헤쳐 나가기 위해 기도하는 부모의 눈물이 두 딸 눈에도 보였다. 어렵더라도 자신을 위해서만 살면 안 된다고 했던 가르침이 기도 속에서 행함으로 이어지고 있다는 것을 알았다.

어느새 그렇게 사는 것이 살아가는 방법이 되어버린 두 딸. 이웃의 아픔을 위해 자신의 것을 내놓을 수 있는 어른으로 자랐고, 꿈을 꾸며 하나님을 향한 든든한 믿음도 깊숙이 심어졌다. 그 믿음은 타인을 보며 비교하는 삶보단 자신의 내면을 채워가면서 삶의 기준선을 밖이 아닌 안에서 찍기 위해 끊임없이 노력하게 해줬다.

가족은 정신의 실체이며 사랑이라는 감정을 기초로 성립된다고 한 독일의 철학자 헤겔(Georg Wilhelm Friedrich Hegel). 가족에게 사랑을 배우고 그 사랑이 나와 타인에게 일체되게 의식한다는 말이다.

중학교 때 수학여행을 못 가는 친구를 위해 자신이 사고 싶었던 것을 포기하며 돼지저금통을 내밀던 딸들은 성장하면서도 아낌없이 흘려보낼 줄 알았다. 하나님 앞에 첫 수입을 모두 헌금으로 드리는 믿음도 생겼다. 딸들은 자신의 감정에 이름표를 붙였다. 그리고 이름표가 떨어지지 않도록 이웃을 향한 시선도 거두지 않았다.

"엄마! 가정에서 삶의 소중함과 나눔을 배웠어요. 가난으로 불편했지만 불행하지 않아요. 오히려 작은 것에 감사하는 마음을 알게 되었어요. 엄마 아빠는 우리에게 너무도 많은 사랑을 주셨어요. 충분해요. 고맙습니다."

오늘도 딸들은 믿음을 무기로 장착하고 자신의 한 발을 딛고 있다. 불안이 밀려올 때면 부모의 가슴에 기대며 기도의 힘을 얻으면서 나아가고 있다.

5.)
두 얼굴의 양심

흔적이 그리움이 되고 외로움으로 변하여 인간의 터전 위에 머물러 있었다. 고장 난 물건, 낡고 뜯겨진 지붕은 사람의 손길이 닿지 않은 채 세월을 받아 넘겼다. 가난한 인생에 얹혀 근근이 살아온 이들의 지난한 역사를 내어주고 하찮은 흔적만 남기고 모두 떠나갔다.

개발 구역에 묶여 삶의 형상은 그대로 남아 있었다. 깃털 하나 무게만 더해도 균형이 깨져 버릴 듯한 집들은 꽤 오래 버텨주었다. 타협하지 못한 서로의 이익이 모두를 외눈박이로 만들었으나 그 길을 사랑할 수는 없었다.

자연의 생식력일까? 아니면 무신경일까? 그것도 아니면 인간을 향한 손짓일까? 무채색이 잘 어울린 그곳에 작은 생명이 꽃을 피웠다. 죽은 자의 땅이 되어버린 골목 사잇길에 손톱만한 꽃들이 알록달록 여기저기 피어났다. 하늘과 바람과 길벗 친구들이 동행하며 무채색을 지우기 시작했다.

　외로움을 달래고 그리움을 불러들이며 아름다움을 깨웠는지, 인간의 비열함과 이기적인 흔적은 풀과 꽃과 흙으로 덮여 갔다. 엎어져 있던 냉장고, 부서진 장롱, 뚜껑 없는 전기밥솥, 의자, 식탁, 옷가지들은 멈춰 있었지만, 자연은 본래 자신의 일을 하면서 우리에게 말하는 것 같았다. 가난한 양심이 무책임으로 둔갑하여 그대로 버려지면, 우리 모두 병들 텐데 꼭 그렇게 내동댕이치고 떠나야 했는지.

　벌써 몇 년 동안 남편과 함께 이 길을 걷고 있다. 이젠 흉측하게 녹슨 것들도 익숙해져 관심마저 사라진 지 오래다. 교회를 개척하고 처음 이곳에 왔을 때 낡은 집들이 골목을 끼고 이어져 있었다. 군데군데 기계음 소리가 요란하게 들렸고, 벽돌 공장도 크게 자리잡고 있었다.

　정말 놀란 장면이 있었다. 사람들이 다니는 골목길에 철문 하나가 있었는데 그 문 앞에 신발들이 아무렇게나 나뒹굴어져 있었다. 집안에 있든지, 마당을 지나 마루 아래 놓여 있어야 할 신발들이 골목길에 있었다.

　철문을 열고 들어서는 순간 또 한 번 놀랐다. 곧바로 방인 듯했다. 작은 방은 누울 곳을 제외하고는 갖가지 물건들이 가득 채워져 있었다. 문 하나로 안과 밖일 뿐이었고, 골목길은 그 집의 마당이었다. 마을을 들어오면서 목줄에 메어 있는 개들이 왜 골목길에 있을까 싶었는데 이런 이유였다.

그곳에서 만난 사람의 말이다. 어려움을 당해 어느 곳 하나 몸담을 곳이 없을 때 이곳의 저렴한 월세와 집값이 큰 힘이 되었다고. 다시 시작할 수 있는 기반을 만들 수 있게 한 고마운 집이고 고마운 땅이라고 했다.

누군가에겐 꺼려지는 외진 곳이었고 허름한 지역이었지만, 어려움을 극복하고자 하는 이들에겐 희망의 장소였다. 그랬던 곳이다. 하지만 세월이 흐르고 개발을 위해 사람들이 떠나고 나자 그들의 흔적은 난잡하게 쌓여 있었다.

모두 다 양심을 버렸다고 할 수 없지만, 그들이 떠난 자리는 쓰레기통 같았다. 게다가 인적이 드문 밤이면 보이지 않는 양심이라고 엄청난 힘을 발휘하는지 몰래 쓰레기가 되어버린 물건들을 던져 놓았다. 그렇게 날마다 쓰레기가 쌓여 갔다.

며칠 전에 집에서 밥을 먹다가 남편의 손에 국물이 묻었다. 남편은 가까이 있던 물티슈 몇 장을 꺼내 손을 닦았지만 끈적거림이 사라지지 않았는지 물티슈를 여러 장 사용했다. 아빠를 가만히 바라보던 작은 딸이 웃으며 말했다.

"아빠! 손을 씻어요. 물티슈는 썩지도 않는대요." 그러더니 한마디 덧붙였다. "우리 미래가 아빠가 사용한 물티슈에 의해 죽어 가고 있단 말이지." 물티슈 남용은 남편만 그런 것도 아니었다. 당장 영향을 미치지 않는다면 한번만! 하면서 나 또한 거듭 그렇게 반복하며 살아가고 있으니까.

'성경이 아니라 생활에 밑줄을 그어야 한다' 기형도 시인의 시 〈우리 동네 목사님〉 한 구절이다. 뜨끔한 한마디였다. 하나님을 믿는 자로서 언행일치의 삶을 살고 몸으로 배운 바를 실천하는 것. 성경에 밑줄 긋지 않아도 이웃을 향하여 하나님의 사랑을 전할 수 있는 방법은 생활에 밑줄을 그어야 할 것이다. 하나님이 만드신 세상에서 이웃과 함께 동행하는 길은 양심을 지키는 것부터 시작해야 한다. 일상이 시작점이 아닐까.

어릴 적 친구들과 거닐던 연둣빛 숲길이 예뻤다. 비 온 뒤 바라보는 세상은 시골의 마른 먼지를 모두 가져가 버렸는지 사방이 청명했다. 산딸기와 오디를 따러 가던 깊은 산속 옹달샘은 언제나 찰랑찰랑 흘러넘쳤고, 얼굴을 내밀어 옹달샘을 거울삼아 가까이 눈인사를 나누면 입 안 가득 시원한 샘물을 마실 수 있었다. 맑고 깨끗한 자연의 맛! 시끄러움과 고요함을 서로 양보해 주던 그 시절, 문득 그날의 그 옹달샘이 생각난다.

이제 3월에 함박눈이 내리더라도 신기해하지 않는다. 살랑살랑 봄바람은 차츰차츰 힘이 세져 가고 거리에는 봄, 여름, 가을, 겨울의 옷들이 그만그만해서 봄의 계절에 함께 있은 지 오래다.

그뿐인가. 장맛비에 여름을 내주든지, 극심한 가뭄에 여름을 맞이하든지, 그것도 아니면 국지성 호우에 잔뜩 웅크리고 있든지. 가을은 스치고, 휘몰아치는 겨울 한파는 길고 춥기만 하다. 자신의 이름을 걸고 우리에게 왔던 계절은, 사계의 명확성을 잃고 갈수록 불투명해져 간다.

인간의 무분별한 활동으로 지구 온도는 급격하게 올라갔고, 기후난민이라는 섬뜩한 말이 들린다. 지구 기후에 대해 과학자들이 위기를 외쳐도 귀담아 들으려 하지 않는다. 다음세대의 유산인 이 땅이 재난 상황이고, 과부하에 걸려 갈팡질팡 하기만 한다.

자연의 질서가 투명하게 있었기에 아름다웠던 하나님의 나라, 이 세상. 계곡의 흐르는 물소리에 나무들의 속삭이는 평화가 이어졌던 그 시절. 영원히 전해지지 않고 느끼지 못할 그리운 세상이면 어쩌나.

갑자기 창밖에서 빗소리가 무섭게 들린다. 순식간에 하늘이 구멍 난 듯한 폭우를 얼마나 겪어야 하나. 급하게 창문을 닫았다. 억수같이 내리던 빗물은 온통 길 위를 물바다로 만들 기세였다. 아무렇지 않게 되어버린 이 익숙함이 두렵다.

6.)

꽉 잡은 손

작은 교회 부부 세미나에 참석하기 위해 영종도 도로 위를 달렸다. 바다에 바닷물이 숨어 버렸는지 너른 갯벌이 드러났다. 붉은 함초 길목을 따라 바다 물길이 연약하게 흐르고, 먼 갯벌 끝에는 간척사업이 진행되어 제방이 쌓여지고 있었다.

정해진 자신의 운명을 아는지 모르는지 다소 쌀쌀한 늦가을의 추위 속에서 갯벌은 무심해 보였다. 스스로 저항할 수 없는 연약함을 알기에 순응해 버린 걸까? 태양 아래 메마르고 갈라져 있는 갯벌의 스산함이 눈과 가슴으로 들어왔다.

아! 세월이 묻어 버렸나 보다. 생각이 시가 되고 기쁨이 되고 찬양이 되어, 열정으로 믿음 앞에 나아갔던 시간들. 무심하게 살아가고 있구나. 무심한 척하면서. 사람은 50대가 되면 자신에게 질문을 한다고 한다. 나는 무엇이 되어 살고 있는가! 자신의 세계관에서 이룩한 것이 무엇이고, 노후에는 무엇을 하며 살고, 어떻게 늙을 것인가.

기도를 마치고 차를 마시면서 남편과 참 많이 나눈 이야기다. 우리는 늘 똑같은 결론을 맺고 씁쓸하게 말을 맺었다. 낯섦은 사라지고 물질의 고민으로 시작하여 물질의 고민으로 끝나는 여유가 없는 삶, 미래가 아닌 현재의 하루를 준비하며 지금을 견디는 삶, 우리는 그렇게 살고 있었다. 아직 상실이 익숙해지는 나이가 아닌데, 목회 현장에서 자꾸만 느끼게 된다.

세미나를 위해 차를 타고 가는 길이 불편하다. 마음이 정직하게 흐르지 못하고 구불구불 불만을 실었기에 목적지로 향하는 길이 달갑지 않았다. 어느덧 시간이 빠르게 흘러 세미나 자리를 벗어났으면 하는 바람이다.

굳어진 마음이 남편에게 불평을 토해 내게 했다. 온전하게 자립하며 사역했던 그 시간만이 그리웠다. 인간을 인간답게 만드는 것이 감정일진대 긴장과 불안에 뒤섞인 감정적인 사람이 됐다. 잔뜩 움츠려 들었다.

목적지에 도착하여 호텔 로비에 앉았다. 우연히 사모님 한 분과 눈이 마주쳤지만 마스크에 가려진 내 얼굴은 감정을 숨기기에 충분했다. 살짝 목례하고 키를 받아 숙소로 들어가려는데 한 사모님이 뚜벅뚜벅 다가왔다.

"정말 반가워요. 보고 싶었어요, 사모님!"

마스크에 가려진 미소가 느껴질 정도로 눈이 환하게 웃고 있었다. 생동감 있는 목소리, 몸의 감정, 무엇보다 숨길 수 없는 사모님의 눈빛. 당신은 지금 이 순간을 기뻐하며 감사해 하고 있다고 전하고 있었다. 한 사람의 당당하고 밝은 모습을 보면서 굳어 있던 마음이 말랑해졌다. 어려운 사역을 하는 이의 빛나는 은혜가 나의 불평을 쉽게 무너뜨렸다.

지방회 공동체는 작은 교회 부부를 위해 많은 준비를 했다. 1박의 깨끗한 숙소를 예약하고 식사를 대접하고 선물과 물질을 준비하며 다시 회복하는 시간을 마련했다. 서로를 향한 관계의 농도가 짙음을 느끼게 했다. 우리는 친절한 은혜를 받았다.

그 시간 그 장소에 있는 미자립 교회 목회자 부부에게는 세상의 기준은 없었다. 큰 교회 사역자든 작은 교회 사역자든 모두 다 하나님 앞에 기름부음 받은 목회자였다. 하나님의 복음을 위해 열심히 사역한 길을 격려하면서, 편안한 쉼을 얻어 다시 사역의 현장에 나가도록 지방회 공동체가 배려하고 있었다.

우린 작은 교회에서 있는 듯 없는 듯 그 자리에서 꿋꿋이 사명을 감당하고 있지만, 표면적으로 드러나는 부흥은 잘 보이지 않는다. 많은

성도와 함께 예배드리는 것을 바라지만, 작은 일에도 큰 기쁨의 은혜가 있다는 것을 알기에 소망으로 걸어가고 있다.

20년의 사역 위에 한 성도의 작은 변화들이 모여 믿음으로 완성시키는 과정은 결코 짧지 않았다. 한 영혼이 믿음 안에서 거듭나기까지 결코 빠를 수가 없었다. 하나님이 우리를 바라보며 돌보듯이 우리 또한 오래 바라보고 기다려야 했다. 어쩌면 한 영혼이 믿음으로 변화된 삶을 위해 섬기는 일, 한 목회자의 평생 사명이 될 수도 있겠다 싶다. 세상에는 작은 자일지 모르지만 하나님 앞에선 충성된 자일 거라 믿기에.

선교비를 지원받는 자리에서 묵묵하게 걸어온 길을 부끄러워하지 않으려고 스스로 다그치기도 했다. 자립하지 못하며 걷는 이 길에서는 어쩔 수 없이 작아지고 낮아진다. 연약한 인간의 마음이다.

차를 타고 돌아오는 길에 비가 내렸다. 차창에 부딪치는 빗소리를 파초에 떨어지는 빗방울 소리처럼 듣듯이, 하나님이 만드신 세상의 아름다움을 느꼈다. 지방회 공동체의 만남을 통해 다시 한 번 일어섬을 경험했다. 지금껏 소망으로 걸어왔듯이 또 다시 힘을 내며, 기다리는 것도 행복이리라.

운전하는 남편을 살며시 쳐다봤다. 앞을 향해 달리고 있는 남편의 모습이 평화롭다. 결혼을 하고, 나는 남편에게 남편은 나에게 왔다. 기다림이 없는 사랑이 없듯이 서로의 부족함을 보며 맞추며 살았다. 가파른 삶을 이겨낼 때도, 때론 무너질 때도 우리는 함께였다. 절망을 딛고 희망을 볼 수 있었던 것도 서로의 시선이 같은 곳을 향했기에 가능했다.

"여보! 우리 잘 걸어가고 있어. 절대 포기하지 말자."

독백처럼 하는 말에 남편이 웃었다. 운전대 잡은 한 손을 내밀어 내 손을 꼭 잡아주었다. 하나님이 주신 하루를 새롭게 여행하는 사람으로 우리는 이 도로를 달리고 있다. 조금 어려운 길이고 조금 더딘 길일지라도 함께이기에 충분하다. 새삼스럽지만 언제나 그랬듯이 남편의 손은 참 따뜻하다.

7.)

누가 한들 어떠랴

현관문 고무 패킹이 낡아 겨울바람이 집안에 길을 만들었다. 바람 소리는 단순히 바람 소리가 아니라 세상을 스치는 소리라고 하던데 무슨 사연이라도 담았나. 해마다 찾아와서 말 대신 내 어깨만 부쩍 시리게 한다.

길을 가다가 사람들이 하는 소리를 듣고 우연히 알게 된 사실 하나. 고무 패킹도 교체하는 소모품이란다. 집에 오자마자 인터넷 폭풍 검색을 통해 패킹을 주문했다. 나를 지켜보던 불안한 눈동자가 등 뒤에서 말했다.

"여보, 우리가 할 수 있는 일이 아니야!"

"해보면 알겠지."

책상에 앉아 책을 읽거나 문서 정리하는 일이 자연스러운 남편은, 세상에서 흔히 말하는 남자의 영역이라는 공구 이용에 서툴렀다. 무언가를 만들고 부수는 일을 잘하지 못했다.

한 번은 이랬다. 두 딸이 쓰는 방에 일자형 책상을 나란히 놓다 보니 잠자는 공간이 부족했다. 이층 침대가 아니면 공간을 활용할 수가 없었다. 때마침 남편 친구가 찾아와서 딸들에게 제법 많은 용돈을 건네고 갔다.

가족회의 시작. 딸들의 용돈에 우리의 의논이 더해져 선택된 것은 이케아의 조립형 이층 침대였다. 무거운 나무들이 저층 아파트 이층 계단을 통해 거실로 들어왔다. 모든 짐들이 쌓인 거실은 남편의 우주여행 공간이 돼 버렸다. 어떻게 해야 할지 모르겠다는 남편의 눈과 몸은 집안을 둥둥 떠다녔다. 가득 쌓인 걱정이 산소를 흡입해 버린 듯 멍했다.

"여보, 설명서 보면서 정말 할 수 있겠어?"

"걱정하지 마. 나와 똑 닮은 딸이 있으니까!"

새롭게 구입한 전동드릴을 옆에 끼고 큰딸과 함께 설명서를 읽으며 조립을 시작했다. 한참 조립하다가 문득 작은방 문을 쳐다보니 커다란 문제 하나가 들어왔다. 완성된 침대 프레임은 작은방 문으로 들어갈 수 없었다.

거실과 작은 방 사이에 공간이 턱없이 부족했다. 다시 분리하고 작은 방에서 침대를 조립하기 시작했다. 한 뼘도 남지 않는 공간에서도 전동 드릴로 용케 못을 잘 박았다. 남편은 힘쓰는 일로 보조 역할을 했다. 많은 시행착오와 우여곡절 끝에 이층 침대 프레임과 갈빗살이 완성됐다. 정말 대단한 일을 한 것 같아 우리는 흥분을 감출 수가 없었다.

"여보! 프레임 밑에 떨어진 것 좀 주워 줘."

순식간에 들렸다. 빠지직! 한 남자의 당황하는 모습을 향해 우린 동시에 그 남자를 불렀다.

"여보."

"아빠."

남편은 그 가볍고도 무거운 몸을 갈빗살 한 개에 모두 실었다. 무게를 못이긴 갈빗살이 부러지고 말았다. 안타깝게도 테이프로 칭칭 감긴 갈빗살은 지금도 그날을 기억하게 하고 있다.

택배가 왔다. 궁금한 마음에 점심밥을 얼른 먹고 포장지를 뜯었다. 이리저리 모양을 관찰한 뒤 현관문의 오래된 고무 패킹을 뜯기 시작했다. 아파트 내벽 페인트칠로 인해 굳어진 고무 패킹은 뚝뚝 끊어지기만 하지 쭉 뽑혀 나오질 않았다.

"여보, 우리 집 송곳 어디 있어?"

점심을 먹은 뒤 설거지를 하던 남편은 고무장갑을 벗고 송곳을 가져다주었다. 사정없이 낡은 고무 패킹을 쑤시기 시작했다. 신축성을 잃어버린 고무는 현관 틀에 꽉 박혀 한 몸을 이루고 있었다. 시커먼 고무 가루가 현관문 밑으로 우두둑 떨어졌다. 낑낑거리며 숯검댕이 가루를 만들 듯이 뜯어내는데 설거지를 마친 남편이 물었다.

"어떻게 하면 돼?"

"홈이 팬 곳에 낡은 고무 패킹이 남지 않도록 다 뜯어야 해."

남편은 시키는 대로 열심히 고무 패킹을 뜯어냈다. 순식간에 낡은 패킹이 현관문에서 떨어져 나갔다.

"당신, 겨울바람하고 친구지?"

낡은 고무 패킹이 잘 뜯어졌는지 확인하는 중에 남편의 손이 지나친 곳에 시커먼 고무 패킹이 힘껏 낮은 포복을 하고 있는 것을 발견했다. 다시 깨끗하게 제거하고 손가락으로 완벽하게 스캔을 마친 뒤, 새 고무 패킹을 가져와서 쑥쑥 밀어 넣었다. 순식간에 모든 일이 마무리되었다.

바닥에 떨어진 시커먼 고무 패킹 가루가 바람에 쓸려 집안으로 들어오면 안 된다면서 남편은 세심하게 치웠다. 우리 집은 거친 일이든 섬세한 일이든 내가 주도적으로 하고 남편이 깔끔하게 마무리를 한다. 딱 한 가지 예외가 있다. 목사! 완전히 남편의 영역, 절대 대신할 수 없는 유일무이한 영역이다.

시골에 계신 부모님께 처음 남편을 선보일 때가 생각난다. 부모님께 인사를 드린다며 추석날 갑작스럽게 내려왔던 용감한 남편. 오빠 내외를 통해 남편의 어려운 형편을 익히 알고 있었던 부모님은 대문을 열고 들어오던 남편을 차마 내치지 못했다. 이유는 간단했다. 전도사 였기 때문이다.

신앙심이 깊은 부모님은 집에 있는 동안 주의 종을 대하듯이 남편을 대했다. 남편과 함께 시골길을 내려가는 우리의 뒷모습을 보며 근심하던 엄마의 얼굴을 기억한다. 작은 키에 왜소했던 남편은 엄마의 눈에는 근심이었다.

우리 사회에 뿌리 깊이 관습화 된 성차별 관점이 강한 때였다. 여자는 부드럽고 온화해야 하고 남자는 강하고 튼튼해야 한다는 선입견이 엄마의 시절의 기준이었으니까. 그런 엄마에게 사위는 강하고 듬직해야만 했다. 그리고 한 가지 더 있었다. 사모로 살아가려는 딸을 반기지 않았다. 시골 교회 목회자를 헌신으로 섬겼던 엄마는 사모의 삶을 익히 알고 있었다. 그렇기에 딸이 평신도로서 믿음의 길을 가기를 원했다.

이층 침대를 조립하고, 현관문 패킹을 갈고, 모든 일을 추진하며 살고 있는 내 모습을 보면 우리 엄마는 어떤 얼굴을 할까? 그럼에도 축복하며 웃지 않을까. 강인한 생활력, 키 작은 남편, 긍정적인 생각, 모두 엄마를 닮은 것이기에.

오랜 시간 부부로 함께 살다 보니 체화된 한 움큼의 지혜가 필요하지 않나 싶다. 체화된 지혜와 사랑은 생각과 행동, 웃음까지도 닮게 하고, 부부 애착을 더욱 강하게 해 주었다. 크고 작은 가족 간의 문제가 다가오고, 곤고한 삶의 어려움이 닥쳐와도 함께이기에 그 힘으로 이길 수 있었다.

자전거를 타고 구불구불한 오르막길을 올라가면 허벅지의 통증이 심하게 다가온다. 하지만 그 시간을 견디고 나면 가파른 내리막길에 상쾌한 세상을 가슴으로 느끼며 웃음을 보이지 않던가! 그 순간에 우리는 늘 함께 있다. 자전거와 사람이 한 몸이 되어 달리듯이 함께 올라가고 함께 내려가는 삶을 산다.

기쁨과 환희, 고통과 두려움. 부부라는 이름으로 함께 공존하며 나아간다. 한 집에서 서로의 민낯을 드러내고 부족함을 내보여도 부끄럽지 않는 사람들이다. 그러니 누가 한들 어떠랴. 잘하는 사람이 하면 되는 거지.

8.)
따뜻함이 필요해

　목회자 부부가 있었다. 아주 깊숙한 지하에서 교회와 집을 겸하여 사역을 했다. 처음 교회를 방문했을 땐 적잖이 충격을 받았다. 교회로 들어가는 계단 입구에는 형형색색의 옷들이 빨래 건조대에 널려 있었고, 생후 몇 개월 안 된 아기는 햇빛이 전혀 들어오지 않는 좁은 공간에서 장난감을 가지고 놀고 있었다.

　너무 열악한 환경에서 다섯 명의 가족은 예배와 삶을 함께 하고 있었다. 출입문을 통해 간신히 들어오는 바람이 겨우 바깥세상의 시원함을 실어왔지만, 창문 없는 지하의 쿰쿰함과 눅눅함 탓에 금방 사라졌다. 바람은 가녀렸고 햇빛은 영원히 오지 않을 손님이었다.

　또 다시 그들을 찾아갔을 때는 길가 허름한 상가 일층으로 이전한 후였다. 여전히 교회라고 하기엔 모든 시설이 부족해 보였다. 전도사님과 사모님은 예배실을 지나 칸막이로 분리된 뒤편으로 우리를 인도

했다.

그곳에서 한 가족이 살고 있었다. 보일러가 들어오지 않는 시멘트 바닥에 장판이 깔려 있을 뿐인데, 집이라 했다. 처음 있던 교회는 햇빛과 바람조차 없었는데 지금의 교회는 그나마 햇빛이 스며든다고 했지만 실내공기는 냉랭하기만 했다. 아장아장 걷는 아이의 몸에서 베이비파우더 향이 났고, 그 향은 섬유유연제 냄새와 섞여 가족의 공간에 머물러 있었다.

가족의 온기는 따뜻한데, 그곳은 차가운 겨울이었다. 이불 속이라도 포근한 온기를 느낄 수 있으면 좋으련만. 며칠 전 오래 된 보일러 소리가 시끄럽다고 짜증을 부렸던 내가 부끄러웠다. 그 소리에서 뿜어나오는 따뜻함이 고마울 따름이었다.

우리가 집으로 돌아가는 길을 배웅하는 가족들은 나란히 서서 웃고 있었다. 내 마음이 아파서인지 웃는 얼굴에 슬픔을 넣었다. 생각이 많은 길을 달려야 했다. 우리가 할 수 있는 일이 없을까, 우리의 손은 정말 비어 있는 걸까?

그들을 위해 기도하기 시작했다. 하나님 앞에서 할 수 있는 방법을 찾아야 했다. 한겨울이면 썰렁한 공기가 매일 감쌀 집안에서 지하의 찬기를 고스란히 느끼며 아장아장 걸어야 하는 갓난아이, 찬바람에 곱아진 손으로 연필을 쥐고 공부하는 아이들. 간절한 마음은 시간이 지날수록 더 깊어졌다.

하나님 앞에 우리의 소리가 들렸다. 집사님 한 분이 교회 차량 씨앗 헌금이라며 제법 큰 액수의 헌금을 하는 것이 아닌가. 교회 차량을 구입하기 위해 기도하고 있었지만 뜻밖이었다.

"여보, 이 헌금 그 교회로 선교할까? 큰 도움이 될 것 같은데."

추운 겨울이 오기 전에 교회에 전기판넬과 보온을 위한 인테리어를 할 수 있을 만한 액수였다. 교회에서 개별 의자 20개를 빼내어 그 교회로 가져갔고 지인을 통해 강대상과 십자가를 구입했다. 작고 아담한 교회가 서로의 관심과 사랑 속에서 세워졌다. 관계와 관계 속에서 서로 연합하여 하나님의 일은 더 값지게 빛났다.

우리는 또 내일의 하루를 살 것이다. 노후된 차를 타며 차량 구입을 해야 하는 고민에 빠질 것이고, 빈손의 삶에서 또다시 불평할 거다. 그러다가 또 문득 그 가족이 행복하게 웃던 얼굴을 떠올리며 은혜로 일어서기도 하면서. 나눔의 힘은 넓고 강하며 전파력이 있기에 많은 이들을 일으켜 세워줌을 안다.

구할 수 없는 인간이란 없다. 구하려는 노력을 그만두는 사람들이 있을 뿐이다. 소설 『아몬드』에 있는 문장이다. 선교와 구제도 그러지 않을까. 자신의 삶 속에서 이웃과 함께 할 수 있는 방법은 누구에게나 있을 테니까 말이다.

보이지 않는 하나님을 사랑한다는 고백은 누구나 할 수 있다. 그러나 보이는 이웃을 사랑하는 것은 생각보다 어렵다. 살면서 한 번쯤 이웃의 아픔을 보며 도울 수는 있겠지만 꾸준하게 하는 마음과, 행동할 수 있는 힘은 하루아침에 만들 수 없는 일이다.

가정의 기초가 세워지지 않았다면 할 수 없는 일이기도 하다. 부부의 사랑이 자녀에게 전해지고, 그 사랑을 받은 자녀가 이웃을 향해 나아가야 한다. 가정이 온전해야 사랑을 나누는 영혼을 간직할 수 있다.

언젠가는 나의 삶에도 한 손이 채워질 때가 있을 거라 기대한다. 그때를 위해 비워 내는 삶을 향해 걷는다. 한여름 더위를 피해 나무그늘 벤치에 앉은 어르신에게 아이스크림을 사 드릴 수 있고, 수고하는 경비 아저씨에게 시원한 수박을 가져다 줄 수 있다. 폐지를 줍는 할머니의 손수레를 밀어 줄 힘도 있을 것이다.

지금은 마음을 나누는 일밖에 할 수 없더라도 하나님은 우리를 통해 큰일을 행하실 때가 있었음을 기억한다. 하나님의 눈에 머물러 있을 때 삶이 풍요롭다. 지금 손에는 고구마 봉지가 여러 개 들려 있다. 지인이 보낸 고구마를 나누기로 했다. 오래 두면 썩는다. 맛있을 때 나눠야 제맛이다.

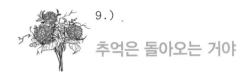

추억은 돌아오는 거야

"여보, usb를 잃어버렸어, 삶의 흔적이 다 들어 있는데."

점심을 먹으려고 들어온 남편의 두 눈이 휘둥그레져 어찌할 바를 몰라 한다. 얼마 전에 딸아이 컴퓨터에서 자료를 다운로드하여 usb에 넣어 놨는데, 주머니에서 빠져 버렸는지 아무리 찾아도 없다고 한다.

흩어져 있던 파일들을 모아 한 곳에 정리하려고 한 계획이 어그러진 것이다. 사진은 감쪽같이 모두 사라져버렸다. 혹시나 하는 마음에 대청소를 하듯이 집안 구석구석을 다 뒤지고, 목양실부터 교회 바닥까지 샅샅이 뒤졌지만 아무 데도 없었다.

어떤 마음의 준비도 없이 삭제돼 버린 우리들의 이야기. 남편은 밥을 먹지 못하고 하루가 다르게 수척해졌다. 괜찮다고, 다시 찍으면 된다고 했지만 뭔가 잃어버린 것 같은 허전함은 가족도 마찬가지였다.

길바닥에 나뒹굴다가 흙 속에 파묻히면 그나마 괜찮다. 혹여 누군가가 주워서 우리들의 삶을 들여다볼까 봐 찝찝하고 불안한 마음이 들었다. 그럴 리 없다 생각하면서도 온전하게 자유로울 수 없었다. 남편의 큰 걱정이었다.

물건이라는 놈은 참 뜻밖의 장소에서 튀어나왔다. 그렇게 뒤지고 뒤졌는데도 없었던 usb가 목양실 연필꽂이에 들어 있었다. 남편이 한 손에 usb를 잡고 본당으로 뛰어오는 장면은 올림픽 100미터 선수보다 빨랐다.

작은 사람이 어느새 큰 사람으로 서 있었다. 남편의 모습은 요 며칠 본 얼굴 중에서 가장 밝았다. usb에 가정과 교회의 지나온 역사가 고스란히 담겨 있었다. 자신도 알지 못한 자료들이 더 많이 들어있는 눈치였다. 안도의 한숨을 연거푸 내쉬는 남편을 향해 폭풍 잔소리를 했지만, 잔소리가 귀에 들리지 않는지 싱글벙글이다.

클릭 하나로 세월을 넘나들 수 있는 우주로 초대받았다. 과거의 여행길은 다양한 삶이라 말했다. 한 장 한 장 사진을 넘길 때마다 서로의 조각이 맞춰지며 이야기가 완성됐다. 재밌고 새로우며 신비롭기까지 하다.

일본 후지산 앞에서 검은 계란을 먹고 있는 가족 사진이 나타났다. 일본 여행 사진은 흩어지지 않았는지 모니터 안을 가득 채웠다. 감사가 먼저 튀어나오게 하는 사진이었다. 일본에서 사역 중이던 장우영 목사님과 임석미 사모님의 초청을 받아 우리 가족은 일본 여행을 했었다. 교회를 개척한 친구 목사에게 쉼과 격려를 주고 싶었던 장 목사님은 4인 가족의 모든 경비를 부담했다. 덕분에 꿈 같은 여행을 하면서 두 딸과 같이 걸을 수 있었다.

분명 그 시절을 지켜보며 살지 않았다. 밤이 보이는 것을 보이지 않는 것으로 하는 일이 자연스럽듯이 내 기억에서도 흘러갔는데, 뜻밖에 우리들 이야기가 풍경 속에서 들리는 듯 웃고 있었다. 선명하게 다가와 눈앞에 그려졌다.

속도가 매우 빨랐던 신칸센 기차에서 딸이 체기를 느꼈다. 한국에서 챙겨간 약을 먹고 괜찮은 줄 알았는데, 도쿄타워에서 야경을 구경하다 급작스럽게 토하려고 했다. 순간, 재빠르게 손을 모아 딸의 입에 갖다 댔다. 음식을 많이 먹지 않았던 딸은 내 손에 넘치지 않을 양의 토사물을 질펀하게 토해 냈다. 손바닥에 토를 담고 당황해 하는 그 순간을 어떻게 포착했는지 참 생동감 있게 찍혀 있었다.

기억 하나가 더 떠오른다. 모노레일 기차를 타고 가던 중 갑자기 들이닥친 많은 승객들로 인해 딸이 사라져 버렸다. 사람이 많아 움직이지도 못하고 깨금발을 딛고 두리번거렸다. 엄마와 갑작스럽게 떨어진 딸은 모노레일 기차의 천창 위를 쳐다봤다. 자신을 찾기 위해 두리번거리고 있던 엄마의 얼굴이 정확하게 보였다고 한다.

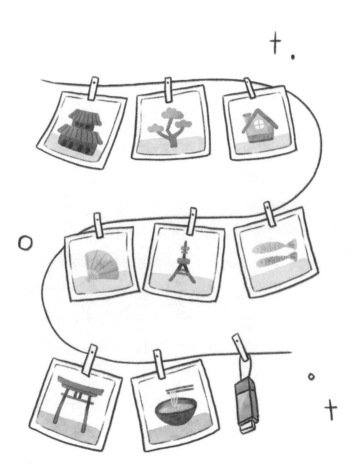

딸은 겁먹은 작은 몸을 비집고 다가와 엄마의 손을 잡았다.

"엄마, 일본에 오니까 엄마가 엄청 커."

기차에서 내리자마자 내 귀에 속삭였던 딸의 말이 기억난다. 모두들 한바탕 웃었지만 정말 아찔했던 순간이었다. 한 번도 경험하지 못한 길들이 눈앞에 펼쳐져 있고, 다른 문화를 가지고 있는 사람들의 삶이 조금씩 느껴지고 있었다.

우리 가족은 정말 여행을 하고 있었다. 익숙한 음악만 듣고 있으면 내가 제대로 듣고 있었나 싶을 때가 있다. 그럴 때 낯선 음악이 큰 도움이 된다. 낯선 음악이 귀에 잘 들리는 날이면 익숙했던 음악 또한 제대로 들려온다. 일본에서 낯선 언어, 낯선 사람들을 보면서 사람 이야기도 마찬가지지 않을까 생각했다. 지금껏 옆에 있는 이들의 이야기를 제대로 듣고 있었던 것일까? 낯선 곳에서 익숙한 곳의 생활을 돌아보게 했다.

일본에서의 하루 일정은 거실에 둘러 앉아 밤새워 이야기하는 것으로 끝났다. 오랜만에 만난 친구, 우리와 함께 갔던 후배 목사님은 장 목사님 내외에게 기쁨을 줬다. 고국의 이야기가 즐거웠을 것이다.

빠르게 흘러가는 세상에서 그들은 느림을 선택했다. 느림은 그리움을 가져와 그 시절의 설렘으로 다가왔다. 그들은 학창시절 함께했던 교회의 모든 지인들을 소환했다. 세 남자는 자신들의 추억을 공유하며 웃음이 끊이질 않았다.

좋은 사람들과의 대화엔 행복한 에너지가 넘쳐서인지 피곤하지 않았다. 4박 5일 일본에서의 밤, 추억의 책장을 넘기는 세 목사가 있었다. 그들은 좋은 친구였다. 한 손으로 도우며 말이 아닌 마음으로 다가와 관계를 맺고 배려와 위로를 해 주는 사람. 베푼 것은 잊어버리고 받은 은혜는 기억하면서 서로 어려울 때 힘을 보태는 마음을 나누는 사이. 지금도 남편은 장 목사님과 자주 연락한다.

며칠 전에 장 목사님과 통화하는 소리가 들렸다.

"영춘아, 힘들면 한 번 내려와라. 밥 먹자."

장 목사님은 일본에서 십여 년의 사역을 마치고 지금은 같은 하늘 아래 살고 있다. 좋은 친구를 사귐에 있어서 학문의 이견이나 신념의 차이로는 멀어지지만 올바른 덕으로 만나면 변함이 없다. 하물며 하나님 안에서 함께 자라고 함께 목사가 된 친구의 우정이 변할 수 있으랴!

목회자로 사역하면서 서로가 위로해 주고 보듬어 주는 좋은 친구가 남편 옆에 있음이 감사하다. 외로움이 많고 가슴에 슬픔이 남아 있는 남편에게 끝까지 동행하는 친구였으면 하는 소망이다. 아무리 생각해도 사람이 가장 귀하고 귀하다.

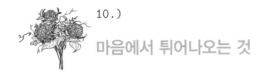

10.)
마음에서 튀어나오는 것

비가 오지 않았는데 요 넘은 왜 기어 나와 길냥이 발재간에 고통당하는지. 지렁이 한 마리가 가로등 불빛 아래에서 고양이에게 곤욕을 치르고 있었다. 화들짝 놀란 고양이는 순식간에 사라지고 죽음에서 빠져나온 지렁이는 몸을 이리저리 틀며 꿈틀거리더니 조금씩 움직였다. 흙으로 가는 길은 아주 멀었다.

"여보! 나뭇가지로 옮겨 줘. 지렁이는 손으로 잡으면 화상 입는데."

남편의 얼굴에 장난기가 발동했다. 나뭇가지를 주우며 씨익 웃는 모습이 달빛 속에서 그대로 드러났다.

"당신 장난에 지렁이 뇌진탕으로 죽는다."

남편은 소리 내어 웃으면서 조심스럽게 지렁이를 흙으로 옮겨 주었다. 산이 가까워서 그랬는지 지렁이가 나무젓가락만 하다. 아파트 출입문 시멘트 위에서 스케이트 타듯이 미끄러져 가는 지렁이들. 비오는 날이나 비 개인 날이면 많이 보인다. 어릴 때처럼 죽을 듯이 피하지는 않았지만 여전히 지렁이만 보이면 화들짝 놀란다.

비 개인 후에도 질퍽한 골목길을 지나 집으로 가야 했던 어린 시절엔 왜 그렇게 지렁이가 많았는지, 여기저기 지렁이가 보이면 까치발로 콩, 콩, 콩, 뛰면서 걸어서 그랬는지 바지는 흙탕물이 튀어 엉망진창이었다.

우리 집은 당산나무 기준으로 골목을 따라 5분 정도 걸어야 했다. 산으로 둘러싸인 분지였던 농촌 마을에는 문방구며 구멍가게가 한 곳밖에 없었다. 가게들은 당산나무 주위에 모여 있었기에 비 개인 뒤에 그곳에 다녀오라는 엄마의 심부름은 피하고 싶은 일이었다.

오전에 억수같이 비가 내리고 오후가 되자 비가 멎었다. 거무스름한 하늘 아래 감나무 앵두나무 살구나무는 그럼에도 빛나는 연둣빛이었다. 시골의 세상은 온통 물기에 젖어 촉촉했다.

그날 엄마가 두부 심부름을 시켰다. 뜰 방에 놓여 있던 운동화에 대충 발을 넣으면서 마당을 지나 대문 앞에 섰다. 열어젖혀 있던 대문을 지나 골목길을 향해 발을 내딛는 순간 그대로 몸이 얼어버렸다.

골목길은 수많은 발자국을 따라 크고 작은 지렁이들이 점령하고 있었다. 꿈틀꿈틀 기어가는 지렁이떼들. 지금껏 이렇게 많은 지렁이를 한꺼번에 본 적이 없었다. 하늘에서 지렁이를 쏟은 걸까? 그런 생각이

들 정도였다.

"엄마! 지렁이가 너무 많아. 두부 사러 못 가겠어요."

대문 앞에서 고래고래 소리 지르는 나에게 엄마는 더 큰 소리로 말했다.

"얼른 사 와라, 잉."

하는 수 없이 운동화 끈을 단단하게 동여맸다. 긴 숨을 들이마시고 골목길을 향하여 냅다 달렸다. 한 번도 쉬지 않고 가게까지 달려 두부를 사고 나서 또다시 전속력으로 돌아왔다. 어릴 적 비 갠 날 심부름 덕분에 달리기에 스피드가 생긴 날이었다. 그날 엄마의 눈총을 받았던 으깨진 두부는 된장국 속에서 먹음직스럽게 끓었다.

남편과 함께 아파트 주위를 자주 걷는다. 오늘처럼 재미난 추억이 생각나면 웃음과 수다가 배가 된다. 도시 속에 시골이랄까. 산 아래 우리 동네 풍경이 참 예쁘다. 풀냄새로 바람을 이룬다. 달빛 아래 계절이 주는 맛이 그대로 전해져 운치가 있다.

천천히 산책을 하다가 문득 주머니에 손을 넣자 쪽지 하나가 잡힌다. 달빛 따라 흐느적거리는 남편의 큼직한 글씨체. 창 너머 창살로 밤하늘을 조각 낼 수 없는 산책길에서 멋있게 읊으려던 남편의 커닝페이퍼가 내 주머니에서 나와 버렸다.

인생은 짧고, 저 세상에 갔을 때 책을 몇 권이나 읽고 왔느냐고 묻지도 않을 텐데 무가치한 독서로 시간을 허비한다면 정말 미련하고 안타깝다. _ 헤르만 헤세의 『독서의 기술』 중에서

발걸음을 멈춘 남편의 표정이 겸연쩍다. 밤하늘에 북두칠성이 고개를 쑥 내밀어 남편 마음을 비췄다. 듬성듬성 보이는 별빛과 함께 그의 글씨들이 소리 없이 반짝이는 것 같았다.

남편은 언제부터 책을 읽고 말을 걸어 왔을까? 인문 분야의 책을 읽던 나와 달리 남편은 신앙서적이 주된 독서였기에 접점이 별로 없었다. 그렇기에 책에 대해 생각을 나눈 적이 없었고, 산책길 대화 역시 신앙과 일상의 이야기였다.

산책길에서 지렁이 한 마리에 관한 후일담을 들려주느라 즐겁던 시간도 잠시, 이야기가 끝났을 때 밤공기를 가르는 숨소리만 들릴 뿐이었다. 삶이 마음 문을 닫아 버린 날이면 특히 더 할 말이 없었다. 오래전 그날, 남편의 쪽지가 내 손에 쥐어지면서 책을 나누는 시작점이 되었다. 책을 통해 감정을 공유하는 산책길이 되길 바랐던 남편이 준비했던 쪽지였다.

서로를 향해 점점 말수가 적어졌던 산책길에 부부의 생각이 쌓이고 나눔을 통한 사유가 더 풍부해지면서 변화를 일으켰다. 우리가 서

로 감정과 말을 이해하고 공감하고 싶다는 생각이 들면 들수록 나의 어휘력이 늘어났다.

언어가 풍성해지면서 대화의 지평이 점점 더 넓어지더니 서로를 향한 말그릇 역시 다양해졌다. 부부로서 신뢰와 사랑이 색다르게 다가왔다. 두렵고 무서워서 내 안에 가둬둔 말들이 남편에게 꺼내지고 나면 별것 아닌 일이 되어 버렸다. 우리가 함께 걷는 길에 더 두툼하게 내면의 말들이 채워졌다.

한 권의 책은 함께 읽고 나면 생각보다 많은 이야기를 나누게 했다. 물론 시끄러운 달밤도 있었다. 분분한 의견이 오가는 날이면 일순간 언성이 높아졌다가 무겁게 침묵이 내려앉기도 했다. 내뱉는 거친 숨소리로 감정을 표현했고 요란한 발자국 소리는 둘의 간격을 저만큼 벌려 놓았다.

우리는 흔히 말씨가 그 사람의 인격이라고도 한다. 기본적인 어휘가 어떤 상황에 접했을 때 상대에게 어떤 의도로 쓰이는지에 따라 극적으로 드러나기에 인격은 연출이 불가할 것이다. 우리 부부의 대화와 삶에서 서로에게 배움을 놓치지 않는 이유이기도 하다. 부족함이 드러나는 인격을 지켜보고 기다려주는 일, 내겐 믿음의 기도 안에서 영원히 끝나지 않을 기도 제목이며 배움이다.

우리의 산책길에서 서로 알지 못한 하루의 일들이 풀어지며 모아

져서 흘러간다. 마음을 나눌 시간을 찾았다는 것은 살아가면서 큰 힘이 된다. 남편과 나의 사역 위에 수다가 놓였다. 서로를 향해 재잘거리며 마음을 보기 위해 노력한다. 아무리 생각해도 부부의 수다는 마음에서 튀어나오는 사랑이었다.

11.)

따뜻한 마음은 소리 내지 않는다

그곳을 찾아가게 된 이유를 굳이 찾는다면 거부할 수 없는 이끌림이었다. 남편과 함께 차를 타고 가는 중에 무심코 보였던 간판 이름이 시선에 들어왔다. 순간, 외쳤다.

"여보, 미치과에 가야겠어. 저 치과에서 치료 받고 싶어!"

내 앞니는 볼썽사납게 생겼다. 잇몸이 허물어져 벌어졌고 엎친 데 덮친 격으로 오른쪽 하나는 금방이라도 빠져 버릴 것처럼 보인다. 오랫동안 이 모습이었다.

거울 앞에 서면 너무도 초라한 모습에 슬픈 날도 많았다. 하지만 호탕하게 웃고 살았다. 가지런하고 예쁜 이를 바랐지만 치과 치료는 마음먹은 대로 할 수 없었다. 주어진 현실을 순응하며 내 삶을 살아가는 것만이 최선의 선택이었다.

따뜻한 마음은 소리를 내지 않았다. 주일 예배 때 집사님 한 분이 헌금을 했다. 헌금봉투에는 '사모님 치과 치료비, 감사헌금'이라고 적혀 있었다. 백만 원이었다. 헌금 기도를 하던 남편의 목소리가 울먹였다. 울음을 참으려고 애썼지만 눈물은 하염없이 쏟아졌고, 목소리는 울먹임 속에서 낮고 조용하게 들렸다.

여기저기서 훌쩍이는 소리가 들렸다. 모아진 감사의 마음들이 눈물 위에서 사랑이라 말했다. 한 성도의 값없이 드려진 사랑은 물질로 인해 망설였던 나의 발길을 치과로 인도했다. 하나님은 불안한 내 마음을 아시고 성도를 통해 먼저 어루만져 주셨다.

이끌림에 의해 들어간 병원에는 아담한 여의사 선생님이 있었다. 전라도 사투리가 배어 있던 그분 목소리가 낯설지 않은 친절함으로 다가왔다. 병원 홈페이지엔 젊은 시절 소록도에서 근무한 이력이 남겨 있었다.

그날은 예약 환자가 취소되어 조금 여유 있는 날이라고 했다. 소록도를 가 본 적이 있다고 말을 꺼냈더니 반가웠는지, 잠깐 이런저런 이야기가 오갔다. 그러다 작은 교회 사모라는 것을 알게 된 선생님은 자신도 하나님을 믿는 사람이라고 했다.

짧은 순간 몇 마디 말 속에 알 수 없는 것이 인간의 모습일진대, 목회자 사모라는 직분이 무엇이기에 허물어지듯 가까워지는지, 하나님의 일하심은 참 놀라웠다. 앞니에 임시 치아를 끼우고 대기실로 나왔다. 남편을 만나 치료비와 임플란트 비용을 계산하려는데 진료실에 있던 선생님이 황급히 나왔다.

"실장님, 작은 교회면 힘드실 테니까 백만 원만 받으세요."

"아니, 아니요. 선생님 그렇게 안 하셔도 됩니다."

"제가 선교하는 마음으로 하나님께 헌금하는 겁니다."

그렇게 맺어진 인연이 십 년 넘게 이어지고 있다. 선생님의 헌신과 사랑은 우리 가족에게 행복과 웃음을 되찾게 해 주었다. 덧니가 심해서 제대로 웃지 못했던 딸의 치아도 가지런하게 교정되었고, 입을 꾹 다물고 무뚝뚝하게 사진을 찍었던 딸의 모습이 밝은 미소로 변했다.

나는 치아가 치료되면서 건강도 되찾았다. 음식을 씹는 저작운동이 좋아지면서 고질병이었던 위장장애가 많이 좋아졌다. 몸의 균형이 잡히기 시작했다. 우리 가족의 삶에 미치과 김미애 원장님을 만난 것은 표현할 수 없는 하나님의 은혜였다.

오늘도 어금니가 아파서 미치과에 갔다. 잇몸 치료를 하고 원장실에서 차를 마시며 담화를 나눴다. 예약된 환자를 진료하면서 짬짬이 나누는 대화는 언제나 즐거운 일이다. 바쁜 시간에도 늘 차 한 잔을 대접하며 이야기를 들어주는 마음은 감출 수 없는 사랑으로 너울거리게 한다. 선생님은 바쁜데 나는 쉼의 공간이다.

작은 교회 사모를 하면서 참 어렵다 싶은 것이 있다. 작은 교회 사모가 힘듦을 이야기하면 도움을 구하는 말인가 하는 선입견이었다.

선생님은 그렇지 않았다. 자유함을 누릴 수 있었다. 아마 그분의 폭넓은 이해는 신앙의 힘이기도 하겠지만, 또 다른 이름이 주는 힘일 것이다. 소설가 김소래, 선생님의 또 다른 이름이다. 단편소설집『유희』를 출간했다. 진료하며 시간을 쪼개 글쓰기 공부를 병행하더니 작가의 꿈을 이루며 등단했다.

선생님의 삶을 보면서 인생을 배운다. 자신의 위치에서 또 다른 꿈을 꾸며 만들어 가는 열정적인 삶과 아프리카 빈민 활동을 하며 기아 대책에 힘쓰는 모습. 무엇보다 하나님의 선한 영향력 안에서 믿음으로 일어날 일들을 기대하며 나누며 걷는다. 그리스도인의 삶을 굳이 찾을 필요가 없는 벗님 같은 동행자, 하나님의 사람이다.

선생님의 바쁜 하루 속에 천천히 가는 나의 시간을 얹었다. 바쁨과 느림의 공존은 참 묘하게 한 가지로 흘러갔다. 사랑이었다. 기도해 주는 사랑, 마음을 나눠 주는 사랑, 선교해 주는 사랑. 원장실을 나오는 등 뒤에서 따뜻한 한마디가 흘러왔다.

"사모님, 좋은 글 쓰실 거예요. 그런 분이니까."

선생님의 따뜻한 사랑이 힘이 되어 발끝에 가득 실어졌다. 병원 밖으로 나와 하늘을 쳐다보며 눈과 마음이 말했다.

"하나님! 감사합니다."

검은 뿔테 돋보기를 쓰고

남편은 생각하고 있었다, 그것도 아주 오랫동안. 무심코 이면지에 쓴 내 조각 글들이 남편에게 고민을 준 듯했다. 어린아이가 그렇듯이 하얀 종이에 일상의 사유들을 끄적거린 미완의 글들이었다. 민들레 홀씨처럼 가벼웠다. 스친 바람에도 부유하듯 홀연히 시선 밖으로 사라져 버리기도 했고, 간혹 가볍고도 가벼운 생각들은 집안 어디쯤에서 자유롭게 나뒹굴었다.

어느 날이었다. 남편이 두 손 위에 커다란 물건 하나를 보란 듯이 올려줬다.

"당신의 씨앗을 틔우게 하는 가장 큰 물탱크야."

노트북이었다. 자신이 쓰던 오래된 노트북을 새로 포맷시켜 글쓰기용으로 사용하도록 만들어 줬다. 남편의 손에 있다가 멀리 날아갔던 민들레 홀씨가 함께 있었다. 흰 종이에 메모한 나의 낙서들이 남편에게 보존되어 있다가 다시 돌아왔을 때 참 묘한 기분이었다. 과거의 생각들이 다시 현재의 나를 만나게 했고, 찐한 감정을 선물했다.

몇 년 전에 사업하던 장로님이 교회를 섬긴 적이 있었다. 작은 교회 재정은 장로님 헌금으로도 풍족할 수 있었다. 그동안 부족했던 재정은 채워지고, 십여 년이 지난 교회 살림살이와 기타 시설들이 새롭게 구비되면서 안정된 목회 활동을 하게 되었다.

우리의 날들이 하나님의 일용할 양식을 누리며 행복했다. 교회 재정이 자립하게 되면서 집과 교회의 살림살이를 맡고 있던 나에게 작은 창문 하나가 열렸고, 따사로운 창 너머 이야기가 안으로 들어왔다.

'너는 살면서 무엇을 잃어버렸고 또 찾아야 하는지 아니?'

창문이 거울이 되어 나를 비추던 날 하나님의 밑그림은 시작되었다. 찾을 수 없는 침묵의 시간을 길게 보내고 난 뒤 대답을 찾았다.

집사님 한 분과 전화 상담을 했다. 평소 감정 기복이 심해서 세밀하게 듣고 감정을 잘 따라가며 공감해야 하는 분이었다. 그날은 집사님의 우울함이 여느 날보다 깊지 않은 가벼운 날이었다. 그럼에도 통화가 길어질수록 생각만 맴돌고 선뜻 나오지 않은 말 때문에 대화하기 어려웠다.

관계와 소통의 또 다른 언어는 공감이다. 한 사람의 개별성을 이해하면서 그 사람의 마음에 내 마음을 포개는 일, 그날 나의 공감력을 표현하기에는 소통 언어가 턱없이 부족했다. 집사님의 마음을 읽고 위로 하기에는 너무 단조로웠으며 한정되어 있었다.

우리를 향한 하나님의 은혜는 몇몇 단어로 끊임없이 반복해서 표현했고, 그에 갇힌 채 밋밋하게 전해지고 있었다. 이제라도 소멸해 가는 어휘력을 되찾아 하나님의 사랑을 보다 깊고 넓게 전할 수 있기를 바랐다.

내 사유는 지속되었으나 전할 말들을 잃어버렸던 것일까. 다시 찾아야 하는 것은 다름 아닌 책 읽기였다. 15년 만에 다시 책이 손 안에 들어왔다. 친구일 거라 생각했는데 긴 세월 서운했는지 손님처럼 다가왔다. 그것도 잘 알 수 없는 낯선 손님.

돌이켜보면 마음의 여유가 없다는 이유로 책을 놓아 버리기가 쉬웠을 것이다. 책이 사라진 빈틈마다 일상의 고뇌가 채워져 있어서 책의 결핍을 느끼지도 못했다. 낯선 손님을 반가운 손님으로 맞이하기까지 계절이 바뀌고, 책이 친구가 될 때까지 긴 인내가 필요했다.

오십이 넘은 나이였으나 책이 쌓이고 읽혀져 새로운 일을 시작하는 것 같았다. 하나님이 주신 밑그림을 조금 더 그릴 수 있었다. 그동안 걸어온 길, 지금 걸어가는 길. 그리고 앞으로 만나야 할 길을 적어보라던 남편의 말이 씨앗이 되었다. 내 인생에 생각지 못한 비전을 만들어 냈다.

남편이 건넨 노트북, 그 물탱크가 채워지며 어느덧 글쓰는 사람이 되어 갔다. 작은 좌탁에 앉아 검은 뿔테 돋보기를 콧등에 내려 쓴 채 글쓰기에 몰두하는 나날이 주어졌다. 나도 모르게 웃는다. 요즘 그런 나를 보며 남편이 자주 웃는다.

　　"여보, 즐거워? 당신의 심각한 미간 사이에 웃음이 보여. 행복해 보인다."

　　글이 참 좋은 게 시간을 넘나드는 힘이 있었다. 삶을 풍요롭게 만들며 책 속에서 만나는 이웃들의 삶이 내 삶이기도 해서 눈여겨보게끔 했다. 아, 그랬구나. 글쓰기를 좋아했구나 싶다.

　　우리 집이 달라졌다. 소곤소곤. 글쓰기에 집중하는 나를 위해 마치 비조차 조용히 내리고 함박눈이 소리 없이 내리는 것 같았다. 내가 있는 협탁 옆에 드러누운 고양이는 배를 허공에 대고 평화롭게 잠들어 있고, 방안의 딸들은 엄마를 위해 소곤소곤 대화한다. 거실이 나의 글 쓰는 공간이기 때문이다.

　　가족의 아낌없는 배려가 가끔 웃음보를 터뜨리게 했다. 한번은 노크 소리가 크게 들려서 방문을 쳐다봤다. 문틈 사이로 싱글벙글 웃으며 빼꼼하게 보고 있던 세 얼굴. 눈이 웃고 행복이 나를 일으켜 세웠다. 나도 모르는 사이 방안에 가득 찬 이야기들이 걸어 나왔다.

　　웃음과 웃음 사이에 허방이 있을 때가 많다. 비교하는 삶을 살면서 행복이란 낱말을 쫓았기에 허방을 채우는 것은 기쁨보다 슬픔이었다. 세월이 유수같이 흘러 빨리 늙었으면 했는데, 반전의 시간을 맞이했다. 글쓰기를 좋아하는지조차 몰랐던 나를 일깨운 남편, 내 나이 오십을 사랑하게 만들어 주었다. 우리 가족에게 맞춘 그 사랑 덕분이다.

어쩌다 보니 가속도보다 느림을 사랑하게 되었다. 수풀에서 흘러나오는 달차근한 향기에 마음을 빼앗기고, 하얀 종이에 꾹꾹 눌러 쓴 편지를 기다리며 변하지 않는 느림으로 남편과 함께 걷고 싶다. 서로 속도를 맞추려 배려하며 걷는 길에는 서두름은 없을 테니까.

안정된 느림을 통해 그리운 사람이 되고 그 그리움이 설렘으로 변하는 부부로 살아가고 싶다. 나이 들어 설렘의 색깔이 어떨지 모르지만 서로 사랑하는 마음은 알 수 있지 않을까.